ESTOICISMO PRÁCTICO

Lecciones de Estoicismo Diario, Inteligencia Emocional y Hasta "Importaculismo Práctico"

Un Pequeño Libro De Lecciones De Estoicismo Cotidiano Y Sin Rodeos, De Los Sabios Estoicos Del Pasado Para Guiarte Hacia Una Vida De Serenidad Y Fortaleza Interna

Juan David Arbeláez

www.EstoicismoYa.com

Una Publicación de Tus Decretos

Derechos reservados. Ninguna parte de este libro puede ser reproducida o transmitida en cualquier forma o por ningún medio electrónico o mecánico, incluyendo fotocopiado, grabado o por cualquier almacenamiento de información o sistema de recuperación, sin permiso escrito de los autores.

Nota importante de exención de responsabilidad: Este libro es solo para propósitos educativos y de entretenimiento. El autor ha hecho todo lo posible para proporcionar información completa, precisa, actual y confiable, pero no se puede garantizar. El autor no es un experto en asesoramiento legal, financiero, médico o profesional. La información en este libro se ha recopilado de diferentes fuentes, por lo que es importante que consultes a un profesional antes de probar cualquier técnica descrita. Al leer este libro, aceptas que el autor no se hace responsable de ninguna pérdida directa o indirecta que pueda surgir por el uso de la información proporcionada, como errores o inexactitudes.

COPYRIGHT© Jaxbird LLC

Contenido

Introducción: Del Importaculismo al Estoicismo... ¡Práctico! 1

Parte I – Sobre El Control De La Mente Y Las Emociones 4

    La Mente Como Timón De Nuestra Existencia 4

    No Son Las Cosas Las Que Nos Perturban, Sino Nuestros Juicios Sobre Ellas 8

    Razón Ante La Ira, Razón Ante Los Impulsos 11

    La Dicotomía Del Control 14

    Sabiduría En La Mortalidad 17

    "Descatastrofizar" para dominar la ansiedad 20

    Míralo De Otra Forma 24

    ¿Qué Podría Salir Mal? 27

Parte II - Sobre Las Adversidades Y Cómo Enfrentarlas Con Resiliencia 31

    Ser Práctico Ante Los Desafíos 31

    Atención Plena 36

    Haz De Tu Interior Una Fortaleza 39

    Pase Lo Que Pase, Estaré Bien 42

    La Vida Es Un Ratico 44

    La Cinta Hedónica 48

    Incomodidad Voluntaria 52

Parte III – Sobre Las Relaciones y Posesiones 57

    Enfócate En Las Virtudes, No En Los Defectos 57

    Nadie Yerra A Propósito 60

    Todos Estamos Conectados 64

Somos Más Parecidos De Lo Que Creemos 68
La Enseñanza De Licurgo 72
El Poder De La Gratitud 76
Por La Virtud Se Conoce, No Por Lo Que Se Aparenta 80
El Poder Silente De La Modestia 84
Elige Bien A Tus Amistades 88
El Poder Sanador Del Humor 92
Riqueza Mental, Pobreza Material 96
Comparaciones Equitativas 99
La Vara de Hermes 102
Vamos De Paso: Todo En La Vida Es Prestado 106
La Ira: Domando La Bestia Interior 110

Parte IV – Sobre El Propósito De La Vida 115

La Felicidad Como Subproducto De Una Vida Con Propósito 115
El Alma Se Nutre Con Reflexión Y Estudio 120
Jamás Dejar De Aprender 123
La Excelencia Como Hábito 126
Hacer Más, Hablar Menos 131
El Regalo Irreemplazable Del Tiempo 134
Sobre Los Hombros De Gigantes 139

Acerca del autor 142

Otros libros 145

Introducción: Del Importaculismo al Estoicismo... ¡Práctico!

En algún punto de nuestra existencia, muchos intentamos forjar una filosofía de vida propia. Yo no fui la excepción. Durante años, recopilé principios que consideraba innovadores: no prestar atención a lo que no lo merece, recordar que tenemos una sola vida, aprender a dejar ir para dejar llegar, comprender que los "hubiera" no existen y, especialmente, no tomarnos demasiado en serio.

Así nació mi libro "Importaculismo Práctico", un compendio de ideas que creía originales. Hasta que descubrí una verdad humillante: no hay nada nuevo bajo el sol. Mi revolucionario "Importaculismo" era simplemente un redescubrimiento de lecciones que Séneca, Epicteto y Marco Aurelio habían enseñado hace dos mil años.

Mi concepto de "Tienes una Sola Vida" era el Memento Mori estoico. "Dejar ir es Dejar llegar" resultó ser Amor Fati, esa aceptación serena del destino. Mi énfasis en no tomarnos demasiado en serio reflejaba el humor que Séneca usaba para desarmar a sus oponentes en el Senado. Incluso mi clasificación de los problemas —los que tienen solución no son problemas, los que no tienen solución son situaciones a las que adaptarse— era exactamente la Dicotomía del Control estoica.

Los antiguos estoicos hablaron de Inteligencia Emocional siglos antes de que el término existiera.

Comprendieron que todo radica en nuestra percepción mental, que la adversidad puede ser una oportunidad, que las relaciones humanas requieren sabiduría y que la virtud es el camino hacia la verdadera felicidad.

Este libro presenta esas lecciones eternas en cuatro partes: el poder de la mente y las emociones, cómo enfrentar las adversidades, las dinámicas de las relaciones sociales (incluyendo el manejo de la ira), y finalmente, la virtud y el sentido de la vida. Cada capítulo comienza con un término griego que introduce la lección estoica correspondiente.

Algunos me consideran escueto. Está bien. Este libro lleva el adjetivo PRÁCTICO por algo. El relleno literario sobra cuando las enseñanzas de los grandes maestros estoicos pueden iluminar directamente nuestro camino hacia una vida plena, virtuosa y, como suelo llamarla: importaculista.

Juan David Arbeláez

"La mente adopta el color de los pensamientos a los que alberga. Entonces, coloréala con una secuencia de pensamientos como estos: Dondequiera que uno pueda vivir, es posible vivir bien; vivir en un palacio es vivir bien. Además, cualquier cosa que tienda a guiar la vida de un ser humano, también tiende a su bienestar."

- *Marco Aurelio (Meditaciones, libro VII, sección 2)*

Parte I – Sobre El Control De La Mente Y Las Emociones

La Mente Como Timón De Nuestra Existencia

Autarkeia: Autosuficiencia. Capacidad de ser feliz con poco, sin depender de cosas externas.

Cerca de la entrada del museo de Nicolás Copérnico en Polonia hay una frase en latín: "Sol Omnia Regit" —el sol lo gobierna todo. Desde una perspectiva astrofísica, el Sol es el amo de nuestro entorno cósmico, representando casi la totalidad de la masa del sistema solar. Pero el sol no determina nuestra felicidad. Nuestras angustias, miedos y frustraciones no son causados por este astro. Para un individuo, lo que verdaderamente rige su existencia no se encuentra en el firmamento, sino mucho más cerca: en su propia mente.

Los filósofos estoicos comprendieron que para un ser humano, es la mente la que lo gobierna todo: "Mens Omnia Regit". La mente es la llave que determina la calidad de vida que experimentamos. La diferencia entre un buen día y uno malo radica en el cristal a través del cual lo miramos.

Aaron T. Beck, padre de la terapia cognitivo-conductual, estuvo profundamente influenciado por el estoicismo. Utilizaba la metáfora de las gafas de colores para explicar el poder de la mente: podemos ver el mundo a través de lentes felices de color rosa o tristes de color azul. Pero sería un error asumir que la apariencia resultante del mundo es la verdadera. La sabiduría consiste en mirar las propias gafas y darnos cuenta de que tiñen nuestra visión. Esta analogía resuena con las palabras de Marco Aurelio: "Las cosas en las que piensas determinan la calidad de tu mente. Tu alma toma el color de tus pensamientos".

La noción de que la mente lo domina todo es el fundamento sobre el que se construye la filosofía estoica. El camino hacia una buena vida no depende de factores externos como la riqueza, las posesiones, la carrera o la reputación. La mente gobierna sobre todo, por lo que el secreto para una existencia plena reside en mantener una alta calidad mental.

Cuando entendemos que la mente lo rige todo, descubrimos que tenemos el control sobre nuestro propio bienestar. La mayoría de las personas culpan a influencias externas de su estado de ánimo. Creen que la felicidad se encontrará en algún lugar o se logrará una vez que consigan algo. El estoicismo afirma que la clave de la dicha está en nuestro interior, en la percepción que tenemos de las cosas y cómo enmarcamos los acontecimientos.

Séneca, desde su exilio, escribió a su madre Helvia: "Es la mente la que nos enriquece; esta nos acompaña al exilio. Y en el desierto más salvaje, habiendo encontrado allí todo lo que el cuerpo necesita para su propio sustento, ella misma se desborda en el disfrute de sus propios bienes". Según Séneca, mientras el cuerpo pueda satisfacer sus necesidades básicas, la mente puede encontrar plenitud en cualquier parte, incluso en la adversidad. Más adelante, en sus Epístolas morales, escribiría sobre el filósofo griego Estilpón, quien mantuvo la perspectiva de que, a pesar de haber perdido a su mujer e hijos, aún conservaba su mente y por tanto no todo estaba perdido.

Marco Aurelio reflexionó que la mente es diferente a cualquier otra cosa porque tiene la capacidad de gobernarse a sí misma. Controlamos nuestra mente, que a su vez puede dirigirse y dictar su propia experiencia: "La mente es lo que se despierta y se dirige por sí misma. Hace de sí misma lo que quiere. Hace de su propia experiencia lo que quiere".

Una vez que comprendemos que el bienestar está determinado por nuestra mente, nos damos cuenta de lo poco razonable que es esperar que nuestros problemas queden atrás con un cambio de aires. Podemos huir de lugares y personas, pero no podemos escapar de nosotros mismos. Séneca lo expresó así: "¿De qué te sirve irte al extranjero, trasladarte de ciudad en ciudad? Si realmente quieres escapar de las cosas que te acosan, lo que necesitas no es estar en un lugar distinto, sino ser una persona distinta".

Las vacaciones pueden proporcionar un breve respiro, pero una vez que desaparece la distracción inicial, nos enfrentamos de nuevo a nosotros mismos. La única solución real a nuestros problemas es mirar hacia dentro y buscar una mejora de nuestra mente a través de la filosofía. Séneca tomó prestado de Epicuro para ilustrar el concepto: "La adquisición de riquezas ha sido, para muchos hombres, no un fin de los problemas, sino un cambio de ellos". La culpa no está en la riqueza, sino en la mente. Lo que ha hecho de la pobreza una carga para nosotros ha hecho de la riqueza una carga también.

La felicidad está disponible en todas partes, siempre que tengamos calidad de mente: "Tal como están las cosas, en lugar de viajar, vagas y vas a la deriva, cambiando un lugar por otro, cuando lo que estás buscando, la buena vida, está disponible en todas partes". Publilio Sirio, el escritor talentoso llevado a Roma como esclavo, lo resumió en una de sus sentencias: "Si quieres tener un gran reino, gobierna sobre ti mismo".

Si queremos mejorar nuestra vida, primero tenemos que mejorar nuestra mente. La mente lo gobierna todo, y es nuestro timón para navegar por las aguas turbulentas de la existencia hacia una vida plena y significativa.

No Son Las Cosas Las Que Nos Perturban, Sino Nuestros Juicios Sobre Ellas

Aproheia: Indiferencia hacia los bienes externos como la riqueza o el estatus.

La mayoría de las personas se desconciertan cuando alguien reacciona con indiferencia ante una situación aparentemente adversa, como recibir una condena de exilio. Esta perplejidad surge de nuestros propios juicios sobre lo indeseable que consideramos el destierro. Si percibiéramos el exilio como algo neutro o incluso positivo, una reacción despreocupada no resultaría extraña.

Cuando evitamos añadir más problemas a los que ya tenemos, estamos evitando atribuir juicios de valor a nuestras dificultades. Algo sucede, punto. Crear una narrativa mental sobre cuán negativo es ese acontecimiento amplifica nuestras tribulaciones. Epicteto resumió esta lección estoica: "No son los acontecimientos los que perturban a la gente, sino sus juicios sobre ellos. [...] Por tanto, cuando nos sintamos frustrados, enfadados o infelices, nunca responsabilicemos a nadie excepto a nosotros mismos, es decir, a nuestros juicios. Una persona ignorante tiende a culpar a los demás de su propia desgracia. Culparse a uno mismo es prueba de progreso."

Según Epicteto, somos responsables de nuestro propio sufrimiento. Las cosas que nos ocurren no están intrínsecamente impregnadas de "bondad" o "maldad"; simplemente suceden. Somos nosotros quienes las juzgamos y categorizamos. Desde este punto de vista, el sufrimiento es una herida autoinfligida.

Tenemos la capacidad de no sentirnos insultados por otra persona si elegimos distanciar nuestra cognición de la ofensa y no valorarla como un ataque contra nosotros. Como decía Epicteto, si alguien responde a un insulto como lo haría una roca, ¿qué ha conseguido el insultador con sus invectivas? Marco Aurelio expresó ideas similares en sus Meditaciones: "Elige no ser dañado y no te sentirás dañado. No te sientas dañado y no lo habrás sido." También escribió: "No tienes que convertir esto en algo. No tiene por qué disgustarte. Las cosas no pueden moldear nuestras decisiones por sí mismas." Y añadió: "No me perjudica a menos que yo interprete que me perjudica. Puedo elegir no hacerlo."

Marco Aurelio nos recuerda que podemos desechar las emociones perjudiciales al recobrar la perspectiva de que nosotros mismos las hemos creado: "Hoy he escapado de la ansiedad. O no, la he descartado, porque estaba dentro de mí, en mis propias percepciones, no fuera."

A través del entrenamiento de la percepción, nuestra mente puede fortalecerse hasta afrontar adversidades que para otros serían insoportables. Marco Aurelio lo expresó así: "Es una desgracia que esto haya sucedido. No. Es una suerte que haya sucedido y que yo haya permanecido ileso, no destrozado por el presente ni asustado por el futuro. Podría haberle pasado a cualquiera. Pero no a cualquiera."

Séneca comparó esta habilidad con la conquista de los mayores adversarios imaginables: "¿Cuándo llegamos al punto en el que desdeñamos la fortuna, ya sea buena o mala, en el que -superadas y controladas todas nuestras emociones- pronunciamos las palabras: 'He vencido'? ¿A quién hemos conquistado? No a los persas, ni a los lejanos medos, ni a ningún pueblo guerrero más allá de Dahae, sino a la avaricia, la ambición y el miedo a la muerte, un enemigo que ha conquistado a los conquistadores del mundo."

Razón Ante La Ira, Razón Ante Los Impulsos

Enkrateia: Autocontrol. Dominio sobre los impulsos y pasiones.

Los impulsos son respuestas naturales e inmediatas a estímulos externos que surgen de procesos subconscientes y no pueden ser controlados. Séneca, en su obra "Sobre la ira", lo expresa con claridad: "Los movimientos que se producen independientemente de nuestra voluntad no pueden superarse ni evitarse, como el escalofrío cuando nos rocían con agua fría o la repulsión al tocar ciertas cosas. [...] Ninguna de estas reacciones está en nuestro poder, ninguna forma de razón puede oponerse a que se produzcan."

Las emociones, por otro lado, son estados mentales que surgen después de un impulso. Séneca distingue: "Una emoción no consiste en conmoverse por las apariencias de las cosas, sino en entregarse a ellas y seguir este impulso casual. Porque si alguien supone que palidecer, romper a llorar, la excitación sexual, los suspiros profundos, los destellos de los ojos y cualquier otra cosa por el estilo son signos de emoción y estado mental, se equivoca y no comprende que se trata simplemente de impulsos corporales."

Aunque no podemos controlar los impulsos, sí podemos usar la razón para evaluar su causa y evitar que se conviertan en estados emocionales negativos. Cuando la mente es sacudida por un impulso, el sabio se diferencia del necio en que recupera pronto la compostura. Epicteto lo describe: "Cuando un ruido aterrador llega desde el cielo o como consecuencia de algún accidente, si una alarma abrupta amenaza peligro, [...] la mente incluso de un hombre sabio es inevitablemente sacudida —no por ninguna idea preconcebida de que algo malo está a punto de suceder, sino porque ciertos reflejos irracionales se adelantan a la acción de la mente racional—. En esto difiere la mente del sabio de la del necio: este último cree que las impresiones [...] son realmente lo que parecen, por lo que las aprueba y acepta que debe temerlas como si esto fuera evidente. Pero el sabio, recuperando pronto el color y la compostura, se reafirma en su apoyo a la opinión que siempre ha tenido sobre tales impresiones: que no hay que temerlas en absoluto, sino que sólo asustan superficial y engañosamente."

La historia está llena de tragedias causadas por la incapacidad de controlar los impulsos. Séneca dedicó gran parte de "Sobre la ira" a reflexionar sobre cómo los estados mentales más sanos son aquellos que podemos controlar: "Sabemos que nuestros músculos no están bien cuando se mueven en contra de nuestra voluntad: es una persona anciana o enferma la que corre cuando quiere andar. Deberíamos considerar que los movimientos más sanos y saludables de la mente son los que proceden según nuestro juicio, no los que se dejan llevar a su antojo."

Nuestro objetivo debe ser entrenar la mente para que seamos nosotros quienes demos las órdenes, no recibirlas de la ira. La capacidad de anular las reacciones iniciales es fundamental. Epicteto advierte: "Recuerda que no basta con que te peguen o te insulten para que te hagan daño, debes creer que te están haciendo daño. Si alguien consigue provocarte, date cuenta de que tu mente es cómplice de la provocación. Por eso es esencial que no respondamos impulsivamente a las impresiones; tómate un momento sin reaccionar, y descubrirás que es más fácil mantener el control."

Marco Aurelio refuerza este énfasis en proteger nuestros juicios de los impulsos: "La mente es la soberana del alma. Debe permanecer ajena a las agitaciones de la carne, tanto las suaves como las violentas. No debe mezclarse con ellas, sino cercarse y mantener esos sentimientos en su lugar. Cuando se abren paso en tus pensamientos, a través del vínculo simpático entre la mente y el cuerpo, no trates de resistir la sensación. La sensación es natural. Pero no dejes que la mente empiece con juicios, llamándola 'buena' o 'mala'."

La Dicotomía Del Control

Prohairesis: Elección moral. Capacidad de elegir cómo responder a las circunstancias.

Los estoicos nos enseñan que todas las cosas en la vida pueden separarse en dos categorías fundamentales: aquellas que controlamos y aquellas que no. Esta enseñanza, conocida como la Dicotomía del Control, fue destacada por Adam Smith, el célebre economista y filósofo moral. En su primer libro, "La teoría de los sentimientos morales", Smith escribió:

"Los estoicos parecen haber considerado la vida humana como un juego de gran habilidad, en el cual, sin embargo, había una mezcla de azar... Si depositamos nuestra felicidad en ganar la apuesta, la depositamos en lo que depende de causas fuera de nuestro poder y dirección. Nos exponemos necesariamente a un miedo y desasosiego perpetuos, y con frecuencia a penosas y mortificantes decepciones. Si la depositamos en jugar bien, en jugar limpio, en jugar sabia y hábilmente, en la corrección de nuestra propia conducta, en suma, la depositamos en lo que, mediante la disciplina, la educación y la atención adecuadas, puede estar totalmente en nuestro poder y bajo nuestra propia dirección. Nuestra felicidad está perfectamente asegurada y fuera del alcance de la fortuna."

Epicteto expresó esta idea en su obra "Enchiridion": "Hay cosas que están dentro de nuestro poder, y hay cosas que están más allá de nuestro poder. Dentro de nuestro poder están la opinión, el objetivo, el deseo, la aversión y, en una palabra, todos los asuntos que nos pertenecen. Fuera de nuestro poder están el cuerpo, la propiedad, la reputación, el cargo y, en una palabra, todo lo que no es propiamente asunto nuestro."

Lo que controlamos reside en nuestra mente: nuestras opiniones, aspiraciones y objetivos. Lo que no controlamos es mayormente externo a nosotros, incluyendo nuestras posesiones, relaciones e incluso nuestro cuerpo, ya que no controlamos cómo reacciona ante ciertos estímulos.

Los estoicos nos enseñan a tratar estas dos categorías de forma muy diferente. No deberíamos preocuparnos por las cosas que sí controlamos, ya que podemos cambiarlas si no son de nuestro agrado. Tampoco deberíamos preocuparnos por las cosas que no controlamos, ya que no tiene sentido preocuparse por algo sobre lo que no tenemos influencia. Marco Aurelio lo resumió: "no vale la pena hacer nada inútilmente". La conclusión lógica de la Dicotomía del Control es que el sufrimiento mental es innecesario. Puedes evitar mucho sufrimiento si eres capaz de identificar y separar las cosas en estas dos categorías, lo que Epicteto consideraba "la principal tarea de la vida".

Mirar los acontecimientos a través de las lentes de la Dicotomía del Control puede ser un camino hacia la paz interior. A menudo nos estresamos por cosas completamente fuera de nuestro control. Epicteto ilustra este punto con la analogía del miedo escénico:

"Siempre que veo a una persona que sufre de nerviosismo, pienso: bueno, ¿qué puede esperar? Si no hubiera puesto sus miras en cosas fuera del control del hombre, su nerviosismo acabaría enseguida. Por ejemplo, un músico que toca la lira: está relajado cuando actúa solo, pero si lo pones delante de un público, la cosa cambia, por muy bonita que sea su voz o por muy bien que toque el instrumento. ¿Por qué? Porque no solo quiere actuar bien, sino también ser bien recibido, y esto último está fuera de su control."

Establecer metas que implican cosas fuera de nuestro control pone efectivamente a otras personas y acontecimientos en control de nuestras vidas. Epicteto es directo: "Es estúpido decir: '¡Dime lo que tengo que hacer!'. ¿Qué debo decirte? Sería mejor decir: 'Haz que mi mente se adapte a cualquier circunstancia'. [...] Aférrate a este principio y no necesitarás consejos específicos. Si te aferras a lo externo, darás vueltas y vueltas a voluntad de tu amo."

Sabiduría En La Mortalidad

Memento Mori: Recordar la mortalidad para valorar el presente y actuar bien.

En El Fedón de Platón se narran los últimos momentos de Sócrates. El filósofo recibe a unos amigos que lamentan su inminente fallecimiento tras ser condenado por corromper a los jóvenes atenienses. Sócrates, sereno, los consuela diciéndoles que no teme a la muerte, pues la ha contemplado toda su vida. Luego pronuncia: "La filosofía no es más que la preparación para la muerte."

Muchos fundamentos del estoicismo se remontan directamente a Sócrates. Por ello no sorprende encontrar tantas reflexiones sobre la muerte en los textos estoicos. Estas meditaciones sobre la mortalidad se conocen como memento mori: "recuerda que morirás". Aunque parezca una práctica deprimente, estos recordatorios hacen que la vida sea menos agobiante al revelar que no hay que temer a la muerte, sino aceptarla.

Solemos pensar en la muerte como lo que sucede después de la vida, pero Séneca discrepa. La muerte está antes y después. Es un estado de no ser. "Nos equivocamos al sostener que la muerte viene después, cuando en realidad precede a la vez que sucede. La muerte es todo lo que había antes de nosotros. ¿Qué importa si dejas de ser o nunca empiezas, cuando el resultado es que no existes?"

Séneca concluye que todos hemos experimentado la muerte previamente. No recordamos haber padecido antes de nacer, tampoco deberíamos esperar que la muerte nos genere angustia. "La muerte es simplemente no ser. Lo que es eso ya lo sé. Será lo mismo después de mí que antes de mí. Si hay algún tormento en el estado posterior, también debió haberlo en el período anterior a que viéramos la luz del día; sin embargo, entonces nunca tuvimos conciencia de ninguna angustia."

La muerte será un retorno al mismo estado de olvido que vivíamos antes de nacer. Montaigne llegó a una conclusión similar: "Lamentar no estar vivos dentro de cien años es tan insensato como lamentar no estar vivos hace cien años."

La muerte es un acontecimiento natural. Todo el mundo muere: nuestros ancestros, nosotros, nuestros descendientes. El amor fati nos enseña a aceptar lo que forma parte del mundo. Séneca escribe: "Seguirá el camino que siguen todas las cosas. Esta es la ley con la que naciste; fue la suerte de tu padre, de tu madre, de tus antepasados, como lo será de todos los que vengan después. No hay medio de alterar la irresistible sucesión de los acontecimientos."

Marco Aurelio señala que la muerte está programada en nosotros por naturaleza. La vida es una serie de etapas: nacemos, maduramos, envejecemos. La muerte es una más. "No despreciéis la muerte, sino contentaos con ella, pues también es una de esas cosas que la naturaleza quiere. Lo que es ser joven y envejecer, tener dientes y canas, engendrar hijos y dar a luz, así también es la disolución. El camino de quien es reflexivo: no ser descuidado ni impaciente ni arrogante con respecto a la muerte, sino esperarla como una de las operaciones de la naturaleza."

Nuestros cuerpos mueren un poco cada día. Séneca ilustra: "No caemos de repente sobre la muerte, sino que avanzamos hacia ella por ligeros grados. Morimos cada día.

Perdemos la infancia, luego la niñez y después la juventud. No es la última gota la que vacía el reloj de agua, sino todo lo que ya ha fluido."

Si morimos un poco cada día, llegaremos al último con vasta experiencia. Montaigne nos recuerda: "¿Por qué temer el último día? No te hace avanzar hacia la muerte más que cualquier otro día. El último paso no causa tu fatiga; revela tu fatiga."

Según Séneca, lo peor de la muerte es el miedo que le tenemos en vida: "La muerte te parecerá la peor de todas las cosas malas, aunque en realidad no tiene nada de malo, excepto lo que la precede: el miedo a ella."

Esta observación refuerza la importancia del memento mori. Al meditar sobre la muerte, encontramos maneras de mejorar nuestras vidas. Quien no reflexiona sobre su mortalidad vive en temor innecesario. Epicuro escribió: "Una comprensión correcta de que la muerte no es nada para nosotros hace que la mortalidad de la vida sea agradable, no añadiendo a la vida un tiempo ilimitado, sino quitándole el anhelo de inmortalidad."

El memento mori debe recordarnos aprovechar cada momento. Marco Aurelio subrayó: "Podrías dejar la vida ahora mismo. Deja que eso determine lo que haces, dices y piensas." Séneca coincide: "Compongamos nuestra mente como si hubiéramos llegado al final. No pospongamos nada: saldemos nuestras cuentas con la vida cada día."

"Descatastrofizar" para dominar la ansiedad

Phantasia: Impresiones que la mente recibe, a examinar para dar o no asentimiento.

La catastrofización —la tendencia humana de convertir los acontecimientos en algo negativo mediante juicios de valor perjudiciales— es un concepto fundamental en el estoicismo. Los textos estoicos mencionan con frecuencia cómo los juicios negativos son una fuente de sufrimiento evitable. Séneca advierte en sus Epístolas Morales: "No empeores tus males ni te agobies con quejas. El dolor es leve si la opinión no le añade nada. Si empiezas a animarte a ti mismo y a decir: 'No es nada, o ciertamente muy poco; aguantemos, pronto se irá', entonces al pensar que es leve harás que lo sea." En su obra Sobre la consolación a Marcia, exclama: "¡Qué locura es castigarse por la desgracia y añadir nuevos males a los presentes!"

Descatastrofizar consiste en reducir o cuestionar los pensamientos catastróficos. Se basa en que estos pensamientos generan dos distorsiones cognitivas principales: sobreestimar lo malo que es un acontecimiento e infraestimar nuestra capacidad para afrontarlo.

La forma más común de catastrofizar es exagerar la gravedad real de una situación. Constantemente creamos historias sobre cómo un acontecimiento es o será insoportable. Estas historias están plagadas de pensamientos irracionales: interpretaciones pesimistas, afirmaciones infundadas, suposiciones poco realistas. Séneca describe este diálogo mental negativo: "A menudo, cuando ninguna señal indica que algo malo está en camino, la mente inventa sus propias falsas imaginaciones. O bien toma alguna expresión ambigua y la inclina hacia lo peor, o bien supone que alguien está más gravemente ofendido de lo que realmente está."

Existen varias formas de descatastrofizar estas ideas exageradas. Tomemos el pensamiento: "Mi proyecto de trabajo fracasará y me despedirán." Este combina dos hipótesis catastrofizadas: el proyecto no tendrá éxito y el fracaso provocará el despido. Una forma de descatastrofizar es reformularlo conservando únicamente los hechos conocidos. No sabemos si el proyecto tendrá éxito; afirmar que fracasará es especulación. Tampoco se sabe si la falta de éxito conllevará el despido. El único hecho concreto es que hay un proyecto pendiente. Al reformular el pensamiento nos queda: "Tengo un proyecto pendiente en el trabajo." Todo lo demás es pesimismo hipotético. Esta técnica nos ayuda a separar lo objetivamente cierto de las conjeturas pesimistas.

Una segunda técnica es la representación objetiva: describir las cosas de la forma más literal posible, viéndolas como realmente son, despojadas del sentido que les atribuimos. Marco Aurelio emplea este pensamiento en sus Meditaciones: "Es como ver carne asada y otros platos delante de ti y darte cuenta de repente: Esto es un pescado muerto. Un pájaro muerto. O que esta noble cosecha es zumo de uva, y las túnicas púrpuras son lana de oveja teñida con sangre de marisco. [...] Percepciones como ésa: aferrarse a las cosas y atravesarlas para ver lo que realmente son. Eso es lo que tenemos que hacer todo el tiempo, cuando las cosas reclaman nuestra confianza: desnudarlas y ver lo inútiles que son, despojarlas de la leyenda que las envuelve."

A través de la representación objetiva, el proyecto de trabajo no es más que tinta en papel. El trabajo actual es solo una fuente de ingresos; hay otros. Esta descripción literal les quita el aura de importancia e intimidación que construimos.

Marco Aurelio enseña que a veces la mejor solución es enfrentarse al temido resultado negativo. ¿Qué ocurriría si el proyecto fracasara y la persona fuera despedida? No sería el fin del mundo. Tendría que buscar otro trabajo, algo que le ocurre a mucha gente diariamente. Puede no ser agradable, pero no sería insoportable. Hacerse preguntas "¿qué pasaría si...?" restablece una evaluación realista. Siempre que algo parezca intolerable, debemos preguntarnos por qué lo creemos. Marco Aurelio nos recuerda: "No dejes que tu imaginación se vea aplastada por la vida en su conjunto. Limítate a la situación en cuestión y pregúntate: '¿Por qué es tan insoportable? ¿Por qué no puedo soportarlo?' Te dará vergüenza responder."

A veces catastrofizamos incluso con una evaluación precisa de la situación. El error consiste en subestimar nuestra capacidad para afrontar los problemas. La resistencia humana suele calcularse mal. Fiódor Dostoievski escribió en "La casa de los muertos" que la mejor definición del hombre es "una criatura que puede acostumbrarse a todo." Séneca escribió sobre lo que la psicología moderna denomina habituación emocional: "No hay nada por lo que la naturaleza merezca mayor elogio que esto: conociendo las penurias a las que nacemos, inventó el hábito como bálsamo para los desastres; nos acostumbramos rápidamente incluso a las desgracias más graves. Nadie podría resistir la adversidad si su persistencia se sintiera con toda la misma fuerza que su primer golpe."

El sufrimiento alcanza su punto álgido al principio y luego se desvanece gradualmente. Los sentimientos de ansiedad se atenúan con el tiempo y la exposición. Conocer estas características mentales nos ayuda a descatastrofizar. Comprender que incluso los peores acontecimientos pueden asimilarse tiene un efecto terapéutico. Séneca nos recuerda que todo el mundo tiene algo que le hace sufrir. No estás solo. Otros con problemas similares son capaces de superarlos. Tú también tienes el potencial. "Unos están encadenados por los cargos públicos, otros por la riqueza; unos llevan la carga de la alta cuna, otros la de la baja cuna; unos se inclinan bajo el imperio ajeno, otros bajo el propio; a unos los mantiene en un lugar el exilio, a otros el sacerdocio. Toda la vida es una servidumbre. Y así, un hombre debe reconciliarse con su suerte, y debe aferrarse a cualquier cosa buena que pueda tener; ningún estado es tan amargo que una mente tranquila no pueda encontrar en él algún consuelo."

Los pensamientos catastrofistas generan emociones descontroladas que secuestran nuestra mente y anulan nuestra capacidad de tomar decisiones racionales. Las técnicas de descatastrofización son métodos para recuperar el control sobre nuestra mente. Debemos dirigir nuestro propio barco. Séneca advierte en Sobre la consolación a Marcia: "Dirijamos nuestro propio barco, ¡y no permitamos que este poder nos saque de nuestro rumbo! Es un mal timonel el que deja que las olas le arranquen el timón de las manos, el que ha dejado las velas a merced de los vientos y ha abandonado la nave a la tempestad."

Descatastrofiza. No aumentes tus preocupaciones. Recupera el control.

Míralo De Otra Forma

Epoché: Suspensión del juicio ante impresiones no comprensivas.

El estoicismo enseña técnicas de "reencuadre del punto de vista": métodos para visualizar una situación desde una perspectiva distinta. Una de estas técnicas es el storytelling o narración: pensar en cómo un suceso del presente será relatado en el futuro. Séneca escribió sobre cómo tener en mente estos objetivos futuros hace más tolerable el sufrimiento presente: "El verdadero valor está ansioso por el peligro y piensa más en su meta que en lo que pueda tener que sufrir, ya que incluso lo que tendrá que sufrir forma parte de su gloria."

La retrospección prospectiva nos dice que avancemos en el tiempo y visualicemos cómo se recordará el presente. Muchas situaciones difíciles se recuerdan después como eventos positivos. "Y cuando un hombre se encuentra en medio de dificultades debe decir: 'Puede que algún día haya placer en el recuerdo incluso de estos acontecimientos'", escribió Séneca. Las personas recuerdan con cariño la época de criar hijos pequeños, aunque la experiencia cotidiana sea agotadora. Saber que las circunstancias actuales serán vistas positivamente en el futuro las hace más llevaderas.

A veces olvidamos que los eventos actuales no son tan malos como los que hemos superado antes. La acumulación de dificultades pasadas aumenta nuestra capacidad de recuperación. Deberíamos usar estas experiencias como recordatorios de nuestra habilidad para sobreponernos. "La cruel fortuna se ensaña con el inexperto; [...] el soldado novato palidece al pensar en una herida, pero el veterano contempla impávido sus propias vísceras, sabiendo que la sangre ha sido a menudo el precio de su victoria", observó Séneca.

En la carta de consuelo a su madre Helvia desde el exilio, Séneca le recuerda que había atravesado varias desgracias: la muerte de su madre cuando era niña, de su esposo y de un querido tío. Alguien que había superado estos acontecimientos podría soportar el exilio de un hijo. "Haré que la mente que pudo superar tantas penas, se avergüence de lamentar una herida más en un cuerpo tan lleno de cicatrices."

El autodistanciamiento cambia la perspectiva del observador. Nos dice que imaginemos cómo valoraría otra persona lo que nos sucede. Hay hechos que consideramos mundanos cuando le ocurren a otros, pero hacemos un gran alboroto cuando nos involucran. Visualizar el suceso desde la mirada de un tercero permite una valoración más realista. Guillaume du Vair, filósofo estoico francés del Renacimiento, escribió: "Las opiniones que tenemos de la causa de otro hombre son siempre más justas que las que tenemos de la nuestra."

La evaluación comparativa positiva es una técnica en la que nos comparamos con los menos afortunados. Nuestra situación, por mala que parezca, sería deseable para otros. Un esguince de tobillo no es problema para quien perdió ambas piernas. Contraer gripe no es nada para quien padece bronquitis crónica. No ser ascendido suena bien para un desempleado.

Esta herramienta es poderosa cuando se aplica a diferentes períodos históricos. Los problemas de las sociedades industrializadas parecen triviales para quienes viven en países subdesarrollados. Ni siquiera los reyes pasados tenían las comodidades actuales como alcantarillado o refrigeración. Séneca observó: "Siempre que miro hacia atrás, a los grandes ejemplos de la antigüedad, me avergüenzo de buscar consuelo para mi pobreza, ahora que el lujo ha avanzado tanto en la época actual, que la asignación de un exiliado es mayor que la herencia de los príncipes de antaño."

El estoicismo nos da herramientas para prepararnos mentalmente para la incertidumbre del futuro. Dado que bastan pocos giros del destino para cambiar el desarrollo de un acontecimiento, resulta útil pensar en cómo los escenarios alternativos podrían haber sido peores. Un accidente automovilístico nunca es agradable, pero quien lo sufre debe agradecer seguir vivo. La contrafactualidad a la baja puede aplicarse a todas las situaciones, ya que siempre es posible imaginar un resultado peor. Samuel Johnson observó: "Cuando se ha sufrido alguna calamidad, lo primero que se recuerda es lo mucho que se ha escapado."

La adversidad se hace más llevadera cuando se observa desde distintos puntos de vista. La mayoría de nuestros problemas son menores comparados con los de otros. Si estas técnicas les ayudaron a ellos, también pueden ayudarnos a nosotros.

¿Qué Podría Salir Mal?

Premeditatio Malorum: Previsión de males futuros para aceptarlos con serenidad.

La premeditatio malorum, que en latín significa "premeditación de los males", es una técnica estoica que consiste en contemplar lo que podría salir mal en nuestras vidas. Séneca sostiene que parte del sufrimiento provocado por las desgracias se debe a su naturaleza inesperada. Al premeditar sobre la posibilidad de que ocurra una calamidad, eliminamos el factor sorpresa, despojándola de su aguijón. "Previendo lo que pueda suceder como si fuera a suceder, suavizará los ataques de todos los males, que no traen nada extraño a quien se ha preparado de antemano y los espera; son los despreocupados y los que no esperan más que buena fortuna sobre quienes caen pesadamente", afirma Séneca en Sobre la tranquilidad de la mente.

Anticipar un evento negativo brinda varios beneficios. Nos da tiempo para prepararnos psicológicamente, reflexionar sobre posibles soluciones e incluso prevenirlo. Si el problema es inevitable, podemos idear formas de mitigar su impacto. El futuro está lleno de incertidumbre, y pensar en lo que podría salir mal es una manera de reducir el sufrimiento en caso de que algo negativo acontezca. "En vista de esta gran mutabilidad de la fortuna, que se mueve ahora hacia arriba, ahora hacia abajo, a menos que consideres que todo lo que puede suceder es probable que te suceda, te entregas al poder de la adversidad, que cualquier hombre puede aplastar si la ve primero."

Séneca observó que estamos rodeados de ejemplos de adversidad, pero rara vez consideramos que nos pueda ocurrir.

La mayoría no contempla la posibilidad de que la mala fortuna se cruce en nuestro camino, a pesar de tener tantos ejemplos alrededor. "Lo que le puede pasar a un hombre le puede pasar a todos. Si un hombre deja que esto cale hondo en su corazón y, cuando contemple los males de los demás, de los que hay una enorme provisión cada día, recuerda que son libres de venirle también a él, se armará contra ellos mucho antes de que le ataquen. Es demasiado tarde equipar el alma para soportar los peligros después de que éstos han surgido."

La premeditatio malorum puede ser reveladora, obligándonos a prestar atención a lo que sucede alrededor. Una vez que nos percatamos de que no somos inmunes a la desgracia, estaremos mejor preparados para enfrentarla. Séneca lo expresa: "Muchas veces se han oído lamentos por los muertos en mi vecindario; muchas veces la antorcha y el cirio han conducido funerales inoportunos más allá de mi umbral; a menudo ha resonado a mi lado el estrépito de un edificio que se derrumba; [...] ¿Debería sorprenderme si los peligros que siempre han vagado a mi alrededor me alcanzaran alguna vez? Es muy grande el número de hombres que planean un viaje sin pensar en las tormentas."

Comprender que la desgracia es común y que todos estamos sujetos a ella puede tener un efecto humillante. Solemos percibir a los demás como pertenecientes a grupos diferentes o clases sociales distintas. Pero a los ojos del destino, todos somos iguales. "Lo que pueda sucederle a un hombre puede sucederle igualmente a todos", nos recuerda Séneca en Sobre la consolación a Marcia. Nuestra situación puede cambiar rápidamente. La riqueza está a solo unos golpes de mala suerte de la pobreza: "Tú dirás: 'No creí que esto pudiera suceder' y '¿Habrías creído que esto sucedería?' Pero,

¿por qué no? ¿Dónde están las riquezas que no van seguidas de pobreza, hambre y mendicidad?"

Arthur Schopenhauer, el filósofo del pesimismo, aunque no se consideraba estoico, vio gran valor en la premeditatio malorum: "Es útil considerar de vez en cuando las terribles desgracias -como las que podrían sucedernos- como si ya hubieran ocurrido, porque entonces los reveses triviales que vienen después en realidad son mucho más fáciles de soportar. Es una fuente de consuelo mirar hacia atrás, hacia aquellas grandes desgracias que nunca sucedieron."

Schopenhauer señala que la mayoría de los eventos negativos que podemos imaginar con la premeditatio malorum probablemente nunca lleguen a materializarse. Deberíamos reflexionar sobre ello y encontrar consuelo al reconocer las balas que esquivamos.

La práctica del estoicismo exige un firme anclaje en la realidad. Tenemos que aceptar una verdad del mundo: las cosas pasan. Y en el mundo moderno, pasan con más frecuencia. No es un pensamiento deprimente, sino una observación honesta que puede ayudarnos a apreciar lo que tenemos y a prepararnos para lo que pueda venir. Nunca bajes la guardia.

ESTOICISMO PRÁCTICO

"La prosperidad pone a prueba el carácter de los hombres, pero es la adversidad la que los revela a sí mismos."

- Séneca (Sobre la Providencia, 4.1)

Parte II - Sobre Las Adversidades Y Cómo Enfrentarlas Con Resiliencia

Ser Práctico Ante Los Desafíos

Pragmateía: Estudio o tratado filosófico y práctico sobre algún tema.

Federico el Grande, rey de Prusia desde 1740 hasta 1786, siempre llevaba consigo libros sobre estoicismo. Cuando le preguntaron por qué tenía este hábito, contestó: "El estoicismo te sostiene en la desgracia". Esta respuesta subraya una de las principales razones por las que la filosofía estoica resulta tan atractiva: su utilidad práctica. El estoicismo, especialmente el practicado por los estoicos romanos, se distingue de otras escuelas filosóficas por su énfasis en ofrecer consejos prácticos y aplicables. Federico el Grande no buscaba debates epistemológicos sobre la solidez lógica de las bases del conocimiento. Lo que necesitaba eran recomendaciones sobre cómo dominar la ansiedad antes de una batalla y cómo vivir mejor mientras gobernaba un reino complejo. Requería una guía realista, práctica y efectiva que pudiera aplicar de inmediato a su vida. Y en esto el estoicismo sobresale.

La actitud pragmática que define al estoicismo se aprecia vívidamente en un intercambio entre Musonio Rufo y

Demetrio el Cínico, narrado en la Vida de Apolonio de Tiana de Filóstrato. El emperador Nerón exilió a Musonio en el año 65 d.C., enviándolo a Grecia y forzándolo a trabajar en el istmo de Corinto, un canal que serviría de atajo entre los mares Jónico y Egeo. Demetrio, rival de Musonio, pasaba por la zona y lo vio cavando bajo el abrasador sol veraniego. No pudo resistir la tentación de provocar a su viejo adversario. Se detuvo para saludarlo y preguntarle si disfrutaba su nuevo empleo. Musonio respondió con la típica compostura estoica: "¿Te molesta, Demetrio, que esté excavando el istmo para Grecia? Me pregunto qué habrías pensado si me hubieras visto tocar la lira como Nerón".

Enfrentar las cosas con pragmatismo está en el corazón del estoicismo. Un estoico sabe poner las cosas en perspectiva, mantiene una visión cósmica y es consciente de lo que controla y lo que no. Musonio Rufo entendía lo que implicaba su castigo. Desde un punto de vista práctico, simplemente estaba trabajando en un proyecto de construcción que beneficiaría a Grecia, lo cual era más noble que holgazanear en un palacio tocando la lira. Quejarse no cambiaría nada, así que aceptó su destino y siguió adelante. Marco Aurelio valoraba este tipo de actitud: "Todo lo que sucede es soportable o no. Si es soportable, sopórtalo. Deja de quejarte. Si no es soportable, deja de quejarte. Tu destrucción también significará su fin. Solo recuerda que puedes soportar cualquier cosa que tu mente pueda hacer soportable, tratándola como si te interesara hacerlo".

Séneca también abogaba por el mismo pragmatismo, vinculándolo a la enseñanza estoica de que las cosas no son buenas o malas en sí mismas, sino que nuestros juicios las convierten en tales. Aquello de lo que nos quejamos solo merece quejas porque nosotros lo decidimos así, especialmente cuando se trata de cosas que ya han sucedido. En sus Epístolas Morales escribió: "Un hombre es tan infeliz como se ha convencido a sí mismo de que lo es. Y quejarse de los sufrimientos después de haberlos superado [...] es algo que creo que debería estar prohibido. Aunque todo esto sea cierto, es historia pasada. ¿De qué sirve traer a colación sufrimientos que ya han pasado, ser infeliz ahora solo porque lo fuiste entonces?".

El estoicismo enseña que no debemos permitir que lo externo interfiera en nuestros objetivos. Hemos de seguir avanzando hacia nuestras metas sin importar los obstáculos que aparezcan en el camino. Marco Aurelio describió este estado mental en una de sus lecciones más reconocidas: "La mente adapta y convierte a sus propios fines el obstáculo a nuestra actuación. El impedimento a la acción adelanta la acción. Lo que se interpone se convierte en el camino". Esta idea de que "el impedimento a la acción hace avanzar la acción" es un potente recordatorio de la importancia del encuadre. Algunas personas responden a un obstáculo con quejas y desmotivación, pero podemos elegir usar la Vara de Hermes y ver el obstáculo como una oportunidad para mejorar y acercarnos a lograr un objetivo. El obstáculo se transforma en un catalizador para la acción, y lo que antes bloqueaba nuestro camino se vuelve parte de él.

Marco Aurelio también escribió: "¿El pepino está amargo? Pues tíralo. ¿Hay zarzas en el camino? Pues rodéalas. Eso es todo lo que necesitas saber. Nada más. No exijas saber 'por qué existen esas cosas'. Cualquiera que entienda el mundo se reirá de ti, igual que lo haría un carpintero si parecieras escandalizarte por encontrar serrín en su taller, o un zapatero por los restos de cuero que le sobran del trabajo".

Las expectativas frustradas son una causa común de queja. Como enseña el estoicismo, nuestras expectativas están totalmente bajo nuestro control. La forma más fácil de resolver este problema es desarrollar el hábito de establecer expectativas más realistas. Marco Aurelio nos recuerda que a menudo nos sorprendemos -y nos disgustamos- por cosas que deberíamos haber esperado: "Recuerda: no debes sorprenderte de que una higuera produzca higos, ni el mundo de lo que produce. Un buen médico no se sorprende cuando sus pacientes tienen fiebre, ni un timonel cuando el viento sopla en contra".

Un estoico ajusta sus expectativas para no verse frustrado por los acontecimientos. La capacidad de manejar con eficacia una amplia gama de experiencias es la marca de una mente sana: "Un par de ojos sanos deberían ver todo lo que se puede ver y no decir: '¡No! ¡Demasiado brillante!'. Un sentido del oído o del olfato sano debería estar preparado para cualquier sonido u olor; un estómago sano debería tener la misma reacción ante todos los alimentos, como un molino ante lo que muele. Así también una mente sana debería estar preparada para cualquier cosa. El que no para de decir: '¿Están bien mis hijos?' o 'Todo el mundo debe aprobarme' es como los ojos que solo soportan los colores pálidos, o los dientes que solo soportan la papilla".

No es realista esperar un mundo en el que todos se comporten virtuosamente todo el tiempo. Siempre debemos estar preparados para encontrarnos con personas que se comporten de forma poco ética. Esa es la realidad del mundo: quejarse no tiene ningún efecto sobre ella. Solo podemos aceptarla y adaptar nuestras expectativas. Marco Aurelio nos aconseja: "Cuando te topes con la desvergüenza de otra persona, pregúntate lo siguiente: ¿es posible un mundo sin desvergüenza? No. Entonces no pidas lo imposible. Tiene que haber gente desvergonzada en el mundo. Ésta es una de ellas. Lo mismo para alguien vicioso o indigno de confianza, o con cualquier otro defecto".

Podemos aplicar esta lección estoica a diario, cada mañana al levantarnos. Marco Aurelio se recordaba a sí mismo que no debía quejarse del día que le esperaba: "Al amanecer, cuando te cueste levantarte de la cama, dite a ti mismo: 'Tengo que ir a trabajar, como ser humano. ¿De qué tengo que quejarme, si voy a hacer aquello para lo que nací, aquello para lo que me trajeron al mundo? ¿O es esto para lo que fui creado? ¿Para acurrucarme bajo las mantas y mantenerme caliente?'".

El estoicismo nos brinda abundantes técnicas sobre cómo responder a la adversidad. Quejarse no es una de ellas. Debemos afrontar los retos de la vida con pragmatismo y seguir adelante.

Atención Plena

Prosoche: Atención. Enfocarse en el momento presente, con conciencia.

Una de las primeras enseñanzas que reciben los estudiantes de budismo es la importancia de la atención plena: centrar la mente en lo que está sucediendo aquí y ahora. Buda dedicó gran parte de sus discursos a este tema. "No te quedes en el pasado, no sueñes con el futuro, concentra la mente en el momento presente", dijo Siddhartha Gautama en el Dhammapada, verso 348. Del mismo modo, en La Enseñanza de Buda, Bukkyo Dendo Kyokai afirma: "El secreto de la salud, tanto de la mente como del cuerpo, es no lamentarse por el pasado ni preocuparse por el futuro, sino vivir el momento presente con sabiduría y seriedad".

Comparemos las palabras de Buda con los siguientes pasajes del filósofo estoico Séneca. En la Carta 98 de sus Epístolas morales: "Es ruinoso cuando una mente está preocupada por el futuro, desdichada antes de que comience su desdicha, ansiosa por aferrarse para siempre a las cosas que le producen placer. Porque una mente así nunca estará en reposo, y al esperar el futuro pierde de vista lo que podría haber disfrutado en el presente". En la Carta 5, Séneca reflexiona: "La previsión, la mayor bendición que ha recibido la humanidad, se transforma en una maldición. Los animales salvajes huyen de los peligros que realmente ven, y una vez que han escapado de ellos no se preocupan más. A nosotros, sin embargo, nos atormenta por igual lo pasado y lo por venir. Algunas de nuestras bendiciones nos hacen daño, porque la memoria nos devuelve la agonía del miedo, mientras que la previsión nos la provoca prematuramente. Nadie limita su infelicidad al presente".

Las similitudes entre el budismo y el estoicismo han sido analizadas en numerosos estudios académicos, pero pocos casos ilustran mejor estas semejanzas que los pasajes sobre la atención plena. Ambas escuelas filosóficas llegan a la misma conclusión: deja de obsesionarte con el pasado y el futuro, centra tu atención en el presente.

La atención plena estoica se basa en el antiguo concepto griego de prosoché: la actitud y la práctica de enfocar la mente en el ahora mientras observamos nuestras emociones y pensamientos. El estoicismo enseña que esta capacidad de mantener la conciencia es imprescindible para vivir una vida plena. ¿Cómo se puede apreciar lo que está ocurriendo en el presente si los pensamientos están consumidos por lo que ya pasó o lo que vendrá?

Séneca se pregunta en la Carta 101: "No hay nada más patético que preocuparse por el resultado de los acontecimientos futuros. Cuánto tiempo queda, y cómo será... En estos aspectos, la mente atribulada se atormenta con un miedo que no puede explicarse. ¿Cómo escapar de este revolcón? Sólo hay una manera: si nuestra vida no se proyecta hacia delante, si permanece contenida en sí misma. Quien se preocupa por el futuro no aprovecha el presente". Y en la Carta 13, aconseja: "Dedícate a lo que se debe hacer hoy y no tendrás que depender tanto del mañana".

Séneca compara esta falta de atención con un estado de alucinación, en el que no se está viviendo realmente: "Piensa en los individuos; considera a los hombres en general; no hay uno solo cuya vida no esté centrada en el mañana. ¿Qué hay de malo en ello, te preguntarás? Un daño infinito. No están viviendo realmente. Están a punto de vivir".

La vigilancia constante de la mente nos permite bloquear una emoción negativa cuando aún se encuentra en su estado inicial. Esta medida preventiva puede evitar que una emoción se convierta en una sensación que lo consuma todo y secuestre nuestra mente. Séneca, en Sobre la cólera, afirma: "Lo mejor es contenerse a la primera señal del mal, dar rienda suelta a las palabras lo menos posible y bloquear el inicio. Es fácil detectar cuándo surgen por primera vez las emociones, ya que las señas de identidad de las dolencias las preceden".

Si detectamos que una emoción negativa crece en nuestro interior, podemos recurrir inmediatamente a otras técnicas mentales estoicas que nos ayuden a mantenerla a raya. La mayoría de las emociones negativas son el resultado de un juicio de valor innecesario o de un apego irracional a cosas que no controlamos. Es mucho más fácil recordar estas lecciones antes de que la emoción se convierta en un estallido total.

La vida se vive en el presente. Limita tu atención a lo que está sucediendo ahora.

Haz De Tu Interior Una Fortaleza

Hegemonikon: Parte rectora del alma, capaz de razón y juicio moral.

En la búsqueda de la paz interior, el filósofo francés Pierre Hadot nos invita a replegarnos sobre nosotros mismos, a buscar refugio en ese lugar inexpugnable de nuestra mente donde nada externo puede perturbar nuestra tranquilidad. Esta es la ciudadela interior, un concepto profundamente arraigado en la filosofía estoica, especialmente en las Meditaciones de Marco Aurelio.

Según los estoicos, los acontecimientos que nos rodean crean una impresión (phantasia) en nuestra mente. La parte racional de la misma (hegemonikon) se apodera de esa impresión y reacciona ante ella. Si bien no podemos controlar el proceso que origina una phantasia, sí tenemos el poder de decidir cómo el hegemonikon responde a ella. La ciudadela interior es esa mente racional que ha aprendido a responder eficazmente a las impresiones. A través de las enseñanzas del estoicismo, podemos fortificar los muros de esa ciudadela para que nada externo pueda desestabilizarla.

Hadot lo explica así: "Sólo [el hegemonikon] es libre, porque sólo ella puede dar o rechazar su asentimiento a ese discurso interior que enuncia cuál es el objeto representado por una fantasía dada. Esta frontera que los objetos no pueden cruzar, este bastión inviolable de la libertad, es el límite de lo que llamaré la 'ciudadela interior'. Las cosas no pueden penetrar en esta ciudadela: es decir, no pueden producir el discurso que elaboramos sobre las cosas, ni la interpretación que damos del mundo y de sus acontecimientos."

Marco Aurelio insistía en que la mejor manera de hallar la paz frente al caótico mundo exterior es retirándose a la propia mente: "La gente intenta alejarse de todo: al campo, a la playa, a la montaña. Uno siempre desearía poder hacerlo también. Lo cual es una idiotez: puedes alejarte de todo cuando quieras, entrando en tu interior. No hay lugar más tranquilo, más libre de interrupciones, que tu propia alma."

Este reconfortante recordatorio nos enseña que la paz se puede alcanzar en cualquier sitio. Pero Marco Aurelio enfatiza que es crucial tener escudos robustos contra lo externo: "Recuerda que cuando se retrae en sí misma y encuentra satisfacción allí, la mente es invulnerable. No hace nada contra su voluntad, aunque su resistencia sea irracional. ¿Y si su juicio es deliberado y se basa en la lógica? La mente sin pasiones es una fortaleza. No hay lugar más seguro. Una vez que nos refugiamos en ella, estamos a salvo para siempre. No ver esto es ignorancia. Verlo y no buscar seguridad significa miseria."

No todas las mentes poseen una ciudadela interior, o no todas esas ciudadelas están blindadas. Se necesita una mente entrenada para proporcionar paz introspectiva. Retirarse a una mente perturbada conduce a la rumiación, lo que puede generar pensamientos aún más negativos. "La mente sin pasiones es una fortaleza", dice Marco Aurelio, refiriéndose a las emociones y deseos ligados a lo externo. El camino a una buena vida requiere aprender y practicar técnicas mentales para eliminar el sufrimiento innecesario. No verlo es ignorancia.

La capacidad de hallar paz mediante el pensamiento introspectivo parece ser exclusivamente humana. Mientras el reino animal está lleno de ejemplos de fuerza física, los humanos parecen ser los únicos capaces de fortificar voluntariamente sus mentes. Epicteto lo expresaba así: "No estás hecho para ser invencible por la fuerza bruta, como un animal de manada. Eres invencible si nada fuera de la voluntad puede desconcertarte."

La clave para alcanzar esa fortaleza inquebrantable del ser radica en mejorar nuestra mente, en fortificar los muros de nuestra ciudadela interior. Al retirarnos en ella, encontramos la paz que tanto anhelamos.

Pase Lo Que Pase, Estaré Bien

Amor Fati: Amor al destino. Aceptar lo que ocurre como necesario y bueno.

El concepto de aceptar el destino, pase lo que pase, se conoce como amor fati, una frase latina que se traduce como "amor al destino". Según Epicteto, este tipo de actitud es el camino hacia la tranquilidad interior: "No esperes que los acontecimientos salgan como tú quieres, acoge los acontecimientos de cualquier manera que sucedan: este es el camino hacia la paz". Friedrich Nietzsche, 1.800 años después, expresó una idea similar: "Mi fórmula para la grandeza en un ser humano es el amor fati: que uno no quiera que nada sea diferente, ni hacia adelante, ni hacia atrás, ni en toda la eternidad. No solo soportar lo necesario, y menos aún ocultarlo -todo idealismo es mendacidad ante lo necesario-, sino amarlo".

La aceptación es un tema recurrente en la filosofía estoica. Muchos aspectos de la vida escapan a nuestro control, y en ocasiones, lo mejor que podemos hacer es aceptarlos con una actitud positiva. Sin embargo, es importante distinguir entre las injusticias directas cometidas exclusivamente contra nosotros, las cuales no debemos aceptar pasivamente, y las adversidades que pueden sucederle naturalmente a cualquiera, como enfermedades, mal tiempo o pérdidas materiales. Estas últimas son parte inherente de la vida y debemos aceptarlas como tal. ¿Qué sentido tiene luchar contra ellas?

Séneca nos recuerda en la Carta 91: "El espíritu debe ser entrenado para comprender y aceptar su suerte. Debe llegar a ver que no hay nada ante lo que la fortuna pueda arredrarse, que ejerce la misma autoridad sobre el emperador y el imperio y el mismo poder sobre las ciudades que sobre los hombres. No hay motivo para el resentimiento en todo esto. Hemos entrado en un mundo en el que estas son las condiciones en las que se vive la vida: si estás satisfecho con ello, sométete a ellas; si no lo estás, vete, sea como sea. Resiente una cosa por todos los medios si representa una injusticia decretada contra ti personalmente; pero si esta misma restricción es vinculante tanto para el más bajo como para el más alto, entonces haz de nuevo las paces con el destino".

Adoptar una actitud de amor fati puede infundirte más confianza y valor para enfrentar los obstáculos que la vida te presenta. El futuro es imprevisible, pero si abrazas el amor fati, puedes estar seguro de que, pase lo que pase, lo asimilarás sin sufrimiento. Séneca lo expresa así: "El único puerto seguro en este mar agitado y turbulento de la vida es negarse a preocuparse por lo que nos deparará el futuro y permanecer preparados y confiados, sacando pecho sin escabullirse ni acobardarse ante lo que la fortuna nos arroje".

Epicteto nos exhorta a hacer "un último y desesperado esfuerzo por ganar libertad y tranquilidad: sé estoico. Levanta la cabeza, como quien se libera por fin de la esclavitud. Atrévete a mirar a Dios y decirle: 'A partir de ahora, úsame como quieras. Soy una sola mente contigo, soy tu igual. Decidas lo que decidas, no retrocederé ante ello'".

La Vida Es Un Ratico

Aión: Tiempo eterno. Ver la vida desde una perspectiva cósmica atemporal.

Era la madrugada del 14 de febrero de 1990, exactamente a las 4:48 a.m. GMT. La sonda espacial Voyager 1 se hallaba a una distancia de 3.700 millones de millas de nuestro planeta, más allá de la órbita de Neptuno, adentrándose en el vacío del espacio interestelar a una velocidad de 11 millas por segundo. Obedeciendo una secuencia de instrucciones programadas a solicitud del astrónomo Carl Sagan, la sonda apuntó su cámara de 1.500 mm hacia un punto preciso en su campo visual y capturó una de las imágenes más emblemáticas jamás registradas. Durante más de tres meses, la imagen fue transmitida de regreso a la Tierra, cada bit de información viajando durante cinco horas y media a la velocidad de la luz antes de alcanzar su destino. Una vez ensamblados los 640.000 píxeles que componían el fotograma, la atención se concentró en una mínima mota apenas perceptible, que abarcaba tan solo 1/8 de píxel: era la Tierra, contemplada desde una lejanía sin precedentes. Esta imagen, denominada "Pale Blue Dot" (El Punto Azul Pálido), despertó profundas reflexiones sobre nuestra existencia. Todo lo que conocemos y valoramos se encuentra contenido en ese diminuto punto. Desde esa distancia, nuestro mundo se percibe tan frágil. Una vida humana parece trivial en comparación con la vastedad del cosmos.

La astronomía en tiempos de los estoicos se limitaba a unos cuantos mapas estelares rudimentarios. La astronomía moderna les habría parecido un relato fantástico. Pero a pesar de su comprensión elemental del universo, entendían perfectamente cuán breve e insignificante es una vida individual cuando se la contempla en relación con las escalas de tiempo cósmicas. Entre los principales estoicos, Marco Aurelio fue quien con mayor frecuencia aludió a la brevedad de la vida. Sus Meditaciones están repletas de humildes recordatorios de cómo nadie, ni siquiera los más poderosos, pueden eludir la muerte: "Alejandro Magno y su arriero murieron y a ambos les ocurrió lo mismo. Fueron absorbidos por igual en la fuerza vital del mundo, o disueltos por igual en átomos".

Séneca hizo una observación similar: "En las cenizas se nivelan todos los hombres. Nacemos desiguales, morimos iguales". A Séneca le habría complacido la imagen del punto azul pálido. También usó la comparación con un pequeño punto para ilustrar cuán efímeros son los asuntos humanos en relación con el universo: "Cuenta los siglos de las ciudades; verás cómo incluso las que presumen de su gran antigüedad no han existido mucho tiempo. Todo lo humano es efímero y perecedero, y no ocupa parte alguna del tiempo infinito. Esta tierra, con sus ciudades y sus pueblos, sus ríos y la faja del mar, si se mide por el universo, podemos contarla como un mero punto".

Alrededor de 1.500 años después, a mediados del Renacimiento, el filósofo francés Michel de Montaigne recibió una profunda influencia de la filosofía estoica. Tenía citas de Epicteto grabadas en las vigas del techo de su biblioteca. Las ideas de Montaigne sobre diversos temas influyeron directamente en muchos pensadores occidentales, como René Descartes, Francis Bacon, Virginia Woolf, Ralph Waldo Emerson e incluso William Shakespeare. Entre sus pasajes más estoicos, Montaigne reflexionó sobre la brevedad de la vida: "Aristóteles nos habla de pequeñas criaturas en el río Hypanis que sólo viven un día. La que muere a las ocho de la mañana muere joven; la que muere a las cinco de la tarde muere de vieja. ¿Quién no se reiría al ver la diferencia entre vidas tan momentáneas contadas como felicidad o infelicidad? Sin embargo, no menos absurdo parece llamar larga o corta a nuestra propia vida cuando se compara con la eternidad, o incluso con la duración de las montañas, los ríos, las estrellas, los árboles y otros animales".

La naturaleza siempre cambiante del mundo es un tema recurrente en el estoicismo. La vida es dinámica: lo que importaba ayer es irrelevante hoy. Comprender que las cosas están en constante movimiento y que nuestros problemas actuales pronto se desvanecerán puede tener un profundo efecto terapéutico. Marco Aurelio afirmó: "Todo lo que ves pronto se alterará y dejará de existir. Piensa en cuántos cambios has visto ya. El mundo no es más que cambio". Utilizó también la analogía de un río que fluye para describir la naturaleza transitoria de la vida: "La existencia fluye a nuestro lado como un río: el 'qué' está en constante cambio, el 'por qué' tiene mil variaciones. Nada es estable, ni siquiera lo que está aquí. El infinito del pasado y del futuro se abre ante nosotros, un abismo cuyas profundidades no podemos ver. Así que habría que ser idiota para sentir prepotencia o angustia. Ni tampoco indignación. Como si las cosas que nos irritan duraran".

Mantener una perspectiva cósmica nos permite darnos cuenta de que nuestras preocupaciones no son tan trascendentales como creemos. Puede tener un efecto humillante. La autoimportancia parece absurda ante nuestra fragilidad en relación con el universo. Carl Sagan lo expresó poéticamente: "Somos como mariposas que revolotean durante un día y creen que es para siempre". Séneca fue más mordaz: "Creemos que nuestros asuntos son grandes porque somos pequeños".

No te aflijas demasiado por tus problemas. Pronto formarán parte del pasado. El mundo seguirá girando.

La Cinta Hedónica

Eudaimonia: Plenitud. Alcanzada mediante una vida virtuosa acorde a la razón.

El término "victoria pírrica" describe una batalla en la que el bando vencedor sufre pérdidas tan devastadoras que el resultado equivale a una derrota. La frase se origina en el rey Pirro de Epiro, un formidable oponente de Roma en el siglo III a.C. Durante una guerra contra el Imperio Romano por los territorios del sur de Italia, Pirro libró una batalla especialmente sangrienta que, aunque ganó, lo llevó a pronunciar una frase que le aseguró un lugar en la historia: "Si salimos victoriosos en una batalla más contra los romanos, estaremos arruinados". Y tenía razón: el ejército romano acabó doblegando a sus mermadas fuerzas y expulsándolo de la península itálica.

Pero la historia también reservó un lugar para Cineas, un consejero del rey Pirro famoso por su gran sabiduría. Según relata Plutarco, el rey Pirro ganó más ciudades gracias a las palabras de Cineas que a su propio ejército. La sabiduría de este consejero quedó manifiesta en una conversación que mantuvo con el rey antes de la invasión a Italia. Cineas le preguntó qué pensaba hacer tras apoderarse de Italia, a lo que Pirro respondió: "Pienso conquistar Sicilia". "¿Y después?" inquirió Cineas. "Luego Libia", replicó el rey. "¿Y después?" insistió el consejero. "Luego Cartago", contestó Pirro. "¿Y después qué?" volvió a preguntar Cineas. "Luego", dijo el rey, "me divertiré con una copa y la compañía de mis amigos". Ante esto, Cineas replicó: "¿Y qué impide a su Majestad hacerlo ahora?".

Esta tendencia humana a buscar siempre más ha sido durante mucho tiempo objeto de reflexión filosófica, considerándose una de las causas fundamentales del sufrimiento. El escritor y lexicógrafo inglés Samuel Johnson la describió en 1758: "Los deseos del hombre aumentan con sus adquisiciones; cada paso que da pone a su alcance algo que antes no veía y que, en cuanto lo ve, empieza a desear. Donde termina la necesidad, comienza la curiosidad; y no bien se nos suministra todo lo que la naturaleza puede exigir, nos sentamos a inventar apetitos artificiales".

San Agustín, una de las figuras más influyentes del cristianismo, también abordó el tema, señalando que "el deseo no tiene descanso, es infinito en sí mismo, interminable, y como uno lo llama, un perpetuo potro de tortura, o molino de caballos".

Los psicólogos Philip Brickman y Donald T. Campbell utilizaron la analogía de un engranaje perpetuo en su ensayo de 1971 "El relativismo hedónico y la planificación de la buena sociedad". Reflexionaron sobre cómo la felicidad tiende a ser transitoria, y un cambio de humor en respuesta a un evento positivo vuelve rápidamente a la neutralidad. Según ellos, la mente humana fija su objetivo en un placer en el horizonte y trabaja para alcanzarlo. Pero una vez logrado, la felicidad que genera es efímera. Ese fugaz "subidón" puede volverse adictivo, y pronto la mente empieza a buscar un nuevo objetivo que perseguir. Brickman y Campbell acuñaron el término "cinta hedónica" para describir este ciclo interminable.

Un problema que surge de la cinta hedónica es que puede convertirse en fuente frecuente de decepción. Muchos pueden identificarse con la experiencia de alcanzar un objetivo y sentirse decepcionados por lo breve de la satisfacción. Este tipo de acontecimientos puede provocar una sensación de vacío, como si nada fuera suficientemente satisfactorio. Séneca escribió sobre este sentimiento: "¡Ojalá los que anhelan la riqueza pudieran comparar notas con los que la tienen! Ojalá los que aspiran a cargos políticos pudieran conferenciar con los ambiciosos que han alcanzado los más altos honores. Seguramente cambiarían sus deseos, al ver que estos grandes siempre están buscando nuevas ganancias y despreciando lo que antes buscaban. Pues no hay nadie en el mundo que esté contento con su prosperidad, aunque sea continua. La gente se queja de sus planes y de conseguir lo que planeó. Siempre prefieren lo que no han conseguido".

Otro problema causado por esta rueda de molino hedónica es la devaluación de lo que ya tenemos. Si siempre anhelamos algo nuevo, perdemos perspectiva de lo que ya poseemos. Psicológicamente, esto puede ser muy perjudicial. Uno puede quedar atrapado en una trampa mental donde los aspectos positivos de la vida se ignoran por completo, y la mente queda totalmente consumida por el apetito de algo más. Michel de Montaigne notó esta tendencia en sí mismo: "Me molesta un defecto de mi alma que me desagrada tanto por su injusticia como, más aún, por los problemas que causa. Intento corregirlo, pero no puedo arrancarlo de raíz. Es que valoro con demasiada ligereza las cosas que tengo, sólo porque las tengo, y sobrevaloro las cosas ajenas, las ausentes y las que no me pertenecen... La posesión engendra desprecio por todo lo que poseemos y controlamos".

La filosofía estoica propone una solución brillantemente sencilla para romper la rutina hedónica: imagina que pierdes todo lo que tienes. Marco Aurelio aconsejaba: "Considera inexistente lo que no tienes. Mira lo que tienes, las cosas que más valoras, y piensa cuánto las desearías si no las tuvieras". Este sencillo experimento mental es inesperadamente poderoso. La idea de perderlo todo, especialmente a nuestros seres queridos, nos recuerda lo afortunados que somos. Y si las cosas que poseemos ya son suficientes, ¿por qué vincular nuestra felicidad a algo más? Este truco mental se conoce como visualización negativa, término acuñado por William Irvine en su libro "Guía para la buena vida".

No condicionar la felicidad a algo externo que no posees. Aprecia lo que ya tienes. Séneca resumió esta lección en uno de sus pasajes más memorables: "Nadie puede tener todo lo que desea, pero sí puede no desear lo que no tiene y aprovechar alegremente las cosas que se le presentan".

Incomodidad Voluntaria

Askêsis: Entrenamiento de hábitos mentales para llegar a la sabiduría.

La historia de Marco Gavio Apicio, un acaudalado miembro del círculo cercano del emperador Tiberio, es un trágico recordatorio del daño que provocan los apegos enfermizos. Apicio era reconocido por sus suntuosos banquetes donde la élite romana degustaba platos exóticos traídos de tierras lejanas. Adoraba el pastel de lengua de flamenco y ensalzaba las salsas hechas con silphium, una hierba silvestre exclusiva de las remotas colonias africanas. Tan obsesionado estaba con la alta cocina que en una ocasión organizó una expedición en barco a la costa de Libia solo para comprobar personalmente si los camarones de la zona eran tan exquisitos como se rumoreaba. Tras navegar unas mil millas, quedó decepcionado con lo que le mostraron unos pescadores locales y ordenó de inmediato regresar a Roma sin pisar tierra.

Estos extravagantes hábitos tenían un precio elevado. Se dice que las fiestas y caprichos culinarios de Apicio mermaron su fortuna de 100 millones a apenas 10 millones de sestercios. En términos actuales, sería como si un multimillonario se quedara "solo" con unos 100 millones de dólares. Para Apicio, esta merma de riqueza era insostenible. Aterrado por la idea de vivir en la "pobreza", se quitó la vida ingiriendo una última cena aderezada con una salsa venenosa. Apicio se aferró tanto a su vida de opulencia desmedida que se suicidó por una fortuna que la mayoría anhelaría poseer.

Es fácil reprender a Apicio por su autoindulgencia, pero una evaluación honesta de nosotros mismos revela que a menudo cometemos el mismo error. Nos apegamos a una casa, a un auto, a una carrera. Y poco a poco, el miedo a perder esas cosas se vuelve una fuente de ansiedad. Perdemos la perspectiva de que realmente no son necesarias. Olvidamos que vivimos gran parte de nuestra vida sin ellas y estábamos perfectamente bien en su ausencia.

La perspectiva de Séneca sobre este tema difería totalmente de la de Apicio. Esto se debe a que Séneca experimentó en carne propia la pérdida total. Pasó casi una década exiliado en la isla de Córcega, llevando un estilo de vida extremadamente austero. Aprendió cuán prescindibles son estos apegos. Esta experiencia lo marcó profundamente: "Hasta que no empezamos a prescindir de ellas, no nos damos cuenta de lo innecesarias que son muchas cosas. Las hemos estado usando no porque las necesitábamos, sino porque las teníamos".

Samuel Johnson también reflexionó sobre este tema. Se centró en cómo nos apegamos a cosas innecesarias simplemente por codicia hacia lo que otros poseen: "Muchas de nuestras miserias son meramente comparativas: a menudo somos infelices, no por la presencia de un mal real, sino por la ausencia de un bien ficticio; de algo que no es requerido por ninguna necesidad real de la naturaleza, que no tiene en sí mismo ningún poder de gratificación, y que ni la razón ni la fantasía nos habrían impulsado a desear, si no lo viéramos en posesión de otros".

Aceptar que desarrollamos apegos a cosas innecesarias es un paso en la dirección correcta, pero ¿cómo podemos solucionar este problema y liberarnos de estos apegos malsanos? El estoicismo propone realizar actos de abnegación: privarse deliberadamente de ciertos placeres. Séneca aconsejó: "Reserva de vez en cuando unos días durante los cuales te contentarás con la comida más sencilla, y muy poca, y con ropa áspera y tosca, y te preguntarás: '¿Es esto lo que uno solía temer?'. Es en los tiempos de seguridad cuando el espíritu debe prepararse para afrontar los tiempos difíciles. [...] En medio de la paz el soldado realiza maniobras".

La idea central es que la incomodidad voluntaria nos fortalece y prepara para lidiar con la incomodidad real. El propósito de la abnegación es sacarnos de nuestra zona de confort y hacernos ver lo que somos capaces de soportar. El valor real del ejercicio es totalmente psicológico. Sufrimos porque nos creemos incapaces de tolerar ciertas circunstancias que nuestro cuerpo en realidad puede sobrellevar fácilmente. La abnegación aclara esta valoración errónea: "Cuando los placeres han corrompido la mente y el cuerpo a la vez, nada parece soportable, no porque las cosas sean duras, sino porque la persona que las experimenta es blanda".

Ganamos libertad al darnos cuenta de que nuestros apegos no son tan necesarios como pensábamos. Séneca tiene sabias palabras al respecto. Primero, debemos entender que si queremos libertad, tenemos que restarle valor a las cosas a las que estamos apegados: "Si valoras mucho la libertad, debes valorar poco todo lo demás". Luego debemos acostumbrarnos a esta nueva realidad de depender de menos cosas: "Acostumbrémonos, pues, a poder cenar sin la multitud, a ser esclavos de menos esclavos". Finalmente, alcanzamos un estado en el que nuestras dependencias son limitadas. Nos volvemos "esclavos de menos esclavos". En ese punto, es menos probable que la imprevisibilidad de la fortuna nos afecte: "Debemos ceñir nuestras actividades a un estrecho compás para que los dardos de la Fortuna caigan en la nada".

Hay diferentes formas de practicar la abnegación estoica. Muchos siguen el consejo de Séneca y se privan temporalmente de ciertos tipos de alimentos y ropa. Otros optan por ducharse con agua fría o dormir en el suelo. Es importante recordar siempre que el objetivo de este ejercicio no es sufrir inútilmente, sino demostrar que algo considerado esencial es en realidad prescindible. En un contexto moderno, esto podría significar abstenerse de usar tecnología por un tiempo. O, para alguien introvertido, forzarse a participar en situaciones sociales.

El grado de abnegación depende de los objetivos y preferencias individuales. A algunos les irá bien dejar el café por un día. Otros querrán pasar un mes entero duchándose con agua fría y comiendo comida sencilla. Incluso los grandes estoicos del Imperio Romano lo hacían de manera diferente. Séneca y Marco Aurelio creían que breves episodios de abnegación bastaban para enseñar la lección. Musonio Rufo, maestro de Epicteto, abogaba por una abnegación constante. Dada su plena dedicación a la práctica, tenía interesantes observaciones al respecto. En su opinión, los cambios en los hábitos alimenticios eran lo más difícil:

"Aunque hay muchos placeres que persuaden a los seres humanos a hacer el mal y les obligan a actuar en contra de sus propios intereses, el placer relacionado con la comida es el más difícil de combatir de todos los placeres. Las otras fuentes de placer son menos frecuentes, por lo que podemos abstenernos de algunas de ellas durante meses o incluso años. Pero los placeres gastronómicos nos tientan necesariamente a diario o incluso dos veces al día, ya que es imposible que un ser humano viva sin comer".

Musonio sugirió una solución pragmática para lidiar con la tentación de la comida: elegir en base al contenido nutricional, no al sabor. "Una forma de acostumbrarse a una dieta sencilla es practicar la elección de los alimentos no por placer sino por nutrición, no para complacer al paladar sino para fortalecer el cuerpo". Aplicó el mismo pragmatismo a la vestimenta: "Hay que usar la ropa y el calzado como se usa una armadura: para defender el cuerpo, no para lucirlo".

Lo más importante es que la abnegación nos enseña sobre nosotros mismos. No necesariamente aumenta nuestra capacidad de resistencia, sino que nos muestra la que ya poseemos pero desconocemos. Nos libera de ataduras y nos acerca a la paz mental. La historia de Apicio y las enseñanzas de los estoicos nos recuerdan que el verdadero camino hacia la libertad radica en soltar los apegos y aprender a vivir con menos.

Parte III – Sobre Las Relaciones y Posesiones

Enfócate En Las Virtudes, No En Los Defectos

Aretê: Virtud o excelencia del carácter, el bien supremo.

En 1980, la Academia Francesa rompió con 346 años de tradición masculina. Marguerite Yourcenar ocupó el asiento 3, convirtiéndose en la primera mujer entre los cuarenta "inmortales" encargados de custodiar la lengua francesa. El letrero del baño se cambió para decir "Messieurs | Marguerite Yourcenar".

Su obra maestra, *Memorias de Adriano*, publicada casi tres décadas antes, retrata al emperador romano escribiendo a Marco Aurelio. Yourcenar entreteje hechos históricos con reflexión filosófica, mostrando a Adriano como una figura compleja: sabio pero negligente, benevolente pero ocasionalmente cruel. Esta complejidad humana lleva a uno de los pasajes más reveladores del libro: "Nuestro gran error es tratar de exigir a cada persona virtudes que no posee, y descuidar el cultivo de las que tiene".

Esta observación resuena profundamente con el pensamiento estoico. Marco Aurelio, destinatario ficticio de la carta, escribiría después en sus *Meditaciones*: "Cuando necesites ánimo, piensa en las cualidades que tienen las personas que te rodean: la energía de éste, la modestia de aquél, la generosidad de otro. Nada es tan alentador como cuando las virtudes se encarnan visiblemente en las personas que nos rodean, cuando prácticamente nos colman de ellas".

Estamos evolutivamente predispuestos a detectar diferencias y defectos antes que similitudes y virtudes. Esta tendencia, útil para la supervivencia primitiva, ahora nos lleva a simplificar en exceso la complejidad del carácter humano. Las personas somos múltiples capas de comportamientos, deseos, motivaciones y frustraciones. Reducir a alguien a sus defectos percibidos es hacer una evaluación injusta e incompleta.

Séneca profundiza más: nuestra evaluación de los defectos suele estar equivocada desde el principio. "Algunos hombres tienen razones para oponerse a nosotros que son justas y honorables. Un hombre vela por su padre, otro por su hermano, otro por la patria, otro por un amigo. Sin embargo, no perdonamos a estos hombres por hacer lo que les criticamos por descuidar; o más bien, lo que es increíble, a menudo valoramos el acto pero condenamos al que lo hace".

Benjamin Franklin condensó esta sabiduría en su aforismo de 1738: "Busca en los demás sus virtudes, en ti mismo tus vicios".

En uno de los pasajes más memorables de la novela, Yourcenar muestra a Adriano reflexionando sobre sus predecesores imperiales. Incluso de los más defectuosos encontraba algo que aprender: "Buscaba ejemplo incluso en aquellos doce Césares tan maltratados por Suetonio, la clarividencia de Tiberio, sin su dureza; la erudición de

Claudio, sin su debilidad; el gusto de Nerón por las artes, pero despojado de toda vanidad insensata; la bondad de Tito, deteniéndose en su sentimentalismo; el ahorro de Vespasiano, pero no su absurda tacañería".

Adriano comprendía que estos príncipes habían desempeñado su papel en los asuntos humanos. Su tarea era elegir lo mejor de sus actos, consolidando virtudes y corrigiendo defectos, hasta que otros hombres revisaran sus propios actos del mismo modo.

Esta perspectiva encuentra eco en Séneca: "Puedes examinarlo todo, y como no encontrarás nada que en conjunto prefieras ser, puedes escoger de cada individuo algunos rasgos que te gustaría que te dieran".

Ralph Waldo Emerson capturó esta misma verdad: "Cada hombre que conozco es en cierto modo mi superior; y en eso puedo aprender de él".

Pasamos demasiado tiempo rumiando pensamientos negativos sobre otros. Centrarnos en las virtudes en lugar de los defectos no solo es más justo para los demás, sino profundamente beneficioso para nuestro propio bienestar mental. Aceptar la complejidad humana y buscar activamente lo bueno en cada persona nos ahorra un sufrimiento innecesario y nos abre a un aprendizaje continuo.

Nadie Yerra A Propósito

Praemeditatio: Preparación mental para afrontar dificultades con fortaleza.

Nadie comete errores a propósito. Esta idea, conocida como la Navaja de Hanlon, ha resonado a través de los siglos. Goethe escribió en *Las penas del joven Werther*: "Los malentendidos y el letargo quizá produzcan más males en el mundo que el engaño y la malicia. Al menos los dos últimos son ciertamente más raros".

La filosofía ha reflexionado sobre el perdón durante milenios. Sócrates postuló que las personas actúan según lo que creen correcto; una acción solo es mala desde la perspectiva de otro. De ahí su afirmación: "Ningún hombre hace el mal a sabiendas". Los estoicos, profundamente influenciados por Sócrates, incorporaron esta observación en su filosofía.

Marco Aurelio la utilizaba para prepararse ante los desafíos cotidianos: "Cuando te levantes por la mañana, dite a ti mismo: Las personas con las que trate hoy serán entrometidas, desagradecidas, arrogantes, deshonestas, celosas, hoscas. Son así porque no saben distinguir el bien del mal".

El emperador comprendía que la sabiduría requiere tiempo y educación. La mayoría carece de esa formación, por lo que sus errores son consecuencia natural de esa carencia. Reflexionaba: "Cuando tenga que tratar con alguien, pregúntese: ¿Qué entiende él por bueno o malo? Si piensa x o y sobre el placer y el dolor, sobre la fama y la desgracia, sobre la muerte y la vida, entonces no debería escandalizarte cuando hace x o y. Me recordaré a mí mismo que no tiene elección real".

Ante esta ignorancia generalizada, debemos ser indulgentes. Séneca expresó: "El rigor de un general se desenvaina contra los individuos, pero el perdón es necesario cuando todo el ejército ha desertado. ¿Qué elimina la ira de un hombre sabio? La gran multitud de malhechores. Comprende lo injusto que es enfadarse con un vicio que es pandémico".

Algunos males no provienen de la ignorancia sino de errores accidentales. Michel de Montaigne relata cómo el rey Arquelao de Macedonia aplicó este concepto cuando alguien le echó agua encima mientras caminaba. Sus asistentes exigieron castigo, pero el rey replicó: "No me ha tirado el agua a mí, sino al hombre que creía que yo era".

Incluso los sabios cometen errores. Séneca nos recuerda: "Incluso los hombres más sabios han cometido muchos deslices. Nadie es tan circunspecto que no se olvide en algún momento de ser cuidadoso, nadie es tan experimentado que una cosa u otra no incite a su dignidad a alguna acción exagerada, nadie es tan temeroso de ofender que no se deslice hacia un comportamiento ofensivo incluso cuando trata de evitarlo".

El sentimiento de agravio es notoriamente difícil de controlar. Epicteto propuso una solución contraintuitiva: compadecerse del malhechor. "Es como si dijeras: '¿No deberían ejecutar a este ciego y a este sordo?'. Porque si la pérdida del mayor bien implica el mayor daño, y alguien se ve privado de su orientación moral, que es la capacidad más importante que tiene, ¿por qué añadir ira a su pérdida? Si tienes que sentirte afectado por las desgracias de los demás, muéstrales compasión en lugar de desprecio".

El malhechor es víctima de su incomprensión del mundo. La venganza carece de sentido desde esta perspectiva. Epicteto pregunta: "'¿Significa eso que si alguien me hace daño no debo hacerle daño a cambio?'. Considera si tu postura no equivale a decir: 'Ya que ese tipo se hizo daño a sí mismo con la injusticia que me hizo, ¿no debería yo hacerle daño a él para hacerme daño a mí mismo en represalia?'".

Séneca sugiere tratar al malhechor como un médico trata a un paciente. A un médico no le molesta la enfermedad de su paciente; muestra amabilidad hacia él. "¿Qué médico se enfada con un lunático? ¿Quién se toma a mal los abusos de un hombre enfermo de fiebre? Los sentimientos del sabio hacia todos los hombres son los de un médico hacia sus pacientes".

El sabio sale diariamente de su casa pensando: "Encontraré muchas personas entregadas a la bebida, muchas lujuriosas, muchas desagradecidas, muchas codiciosas, muchas llevadas por los demonios de la ambición". A todos esos comportamientos los considera tan amablemente como un médico a sus propios pacientes.

Séneca, tutor de Nerón, escribió *Sobre la clemencia* resaltando que el perdón es más que nobleza: es autoconservación. La clemencia funciona como un seguro; esperamos no usarla, pero reconforta saber que está disponible. "Al igual que la medicina tiene su utilidad entre los enfermos, pero también es honrada por los sanos, incluso los inocentes aprecian la clemencia, aunque son las personas que merecen el castigo las que buscan su apoyo".

Quienes muestran perdón cosechan buena fe; quienes no, se arriesgan a ganarse enemigos. "La clemencia no sólo ennoblece a los hombres, sino que los hace más seguros; es al mismo tiempo adorno del poder supremo y su seguridad más segura. ¿Por qué los reyes llegan a la vejez y legan sus reinos a sus hijos y nietos, mientras que el poder de los tiranos es repugnante y efímero?".

La sabiduría del perdón trasciende escuelas filosóficas y épocas. La raíz de la mayoría de los males no radica en la malicia, sino en la ignorancia. Comprender esto es clave para alcanzar la compasión y la clemencia hacia quienes yerran.

Todos Estamos Conectados

Kosmopolitês: Ciudadano del cosmos, parte de la comunidad universal.

Michael Collins pilotó el módulo de mando en la misión Apolo 11. Mientras Armstrong y Aldrin recogían muestras lunares, Collins orbitó la Luna treinta veces. No pisó su superficie, pero vivió algo que muchos astronautas describen como profundamente transformador: alejarse de la Tierra. En cada órbita, veía nuestro planeta alzándose sobre el horizonte lunar: una brillante esfera azul contrastando con la negrura del espacio.

Cuando le preguntaban qué fue lo más memorable de la misión, muchos esperaban que describiera los misterios del lado oculto de la Luna. Collins hablaba sobre la Tierra: "Lo que realmente me impactó fue que parecía frágil. Aún hoy no sé por qué. Tuve la sensación de que es diminuta, resplandeciente, hermosa, es mi hogar y es delicada".

Este fenómeno, conocido como "efecto de visión global", es un cambio cognitivo que experimentan los astronautas al ver la Tierra desde el espacio. La visión de esta pequeña esfera suspendida en el vacío, protegida por una fina atmósfera, genera un profundo sentimiento de conexión con la humanidad. Desde esa perspectiva, las fronteras nacionales y los conflictos parecen innecesarios y triviales.

Estos pensamientos reflejan el concepto estoico de *sympatheia*: un sentimiento de empatía e interdependencia mutua. La *sympatheia* constituye el corazón de la ética estoica, la comprensión de que todos compartimos rasgos comunes y dependemos unos de otros. Los primeros filósofos griegos enseñaban que su ciudad (*polis*) era todo el cosmos, una cosmópolis compartida por todos los humanos. Epicteto lo expresó en sus *Discursos*: "El único paso lógico es hacer como Sócrates, nunca responder a la pregunta de dónde era con 'soy ateniense' o 'soy de Corinto', sino siempre: 'soy ciudadano del mundo'".

El cosmopolitismo describe las nociones filosóficas derivadas de esta ciudadanía mundial. Séneca lo ilustró mediante la analogía de dos comunidades: "Concibamos que hay dos estados: uno, vasto y auténtico, que abarca tanto a dioses como a hombres, en el que no miramos a este o aquel rincón de la tierra, sino que medimos los límites de nuestra ciudadanía por el camino del sol; otro, aquel al que hemos sido asignados por azar de nacimiento".

Según Séneca, todos nacemos con doble ciudadanía. La mayor —ser cosmopolita— es compartida por todos. La menor está determinada por el lugar geográfico de nacimiento. La cosmópolis no es un sitio literal, sino una interconexión conceptual entre las personas. Algunos sirven solo a su nación, la comunidad menor. Otros trascienden las fronteras nacionales y benefician a toda la humanidad. Séneca creía que Zenón y Crisipo, fundadores del estoicismo, pertenecían a esta categoría: "Nuestra escuela está dispuesta a decir que tanto Zenón como Crisipo lograron cosas mayores que si hubieran dirigido ejércitos, ocupado cargos públicos y redactado leyes. Las leyes que elaboraron no eran para un solo estado, sino para toda la raza humana".

El cosmopolitismo requiere traducirse en acciones para trascender el experimento mental. Aquí entra la *sympatheia*. Un sentimiento de conexión con la humanidad produce empatía y compasión. Desde una perspectiva evolutiva, los humanos somos extremadamente similares. Evolucionamos como animales sociales; sentir afecto por otros beneficiaba a nuestros ancestros, y esta característica persiste hoy. La naturaleza nos hizo sociables. La *sympatheia* es comprender que los humanos somos animales sociales que nos beneficiamos de la interdependencia mutua.

Séneca escribió en sus *Epístolas morales*: "Que este verso esté en tu corazón y en tu boca: 'Soy un ser humano, nada de lo humano me es ajeno'. Tengamos las cosas en común, pues hemos nacido para el bien común. Nuestro compañerismo es como un arco, que se derrumbaría sin el apoyo mutuo de las piedras para sostenerlo".

El cosmopolitismo convierte la *sympatheia* en acción. Debemos sentirnos unidos a nuestros conciudadanos de la cosmópolis humana, no limitarnos a nuestro rincón del planeta. Nuestra naturaleza dicta que esta sociabilidad mejorará la calidad de nuestras mentes. Séneca afirmó en *Sobre la tranquilidad de la mente*: "La razón misma de nuestra magnanimidad al no encerrarnos dentro de los muros de una ciudad, al entablar relaciones con toda la tierra y al reclamar el mundo como nuestro país, fue que podríamos tener un campo más amplio para nuestra virtud".

Para Séneca, el propósito de la filosofía estoica es ayudar a otros. La *sympatheia* constituye la esencia misma de lo que hace que merezca la pena seguir el estoicismo: "Ninguna escuela filosófica es más amable y gentil, ni más amante de la humanidad y más atenta a nuestro bien común, en la medida en que su propio propósito es ser útil, traer ayuda, y considerar los intereses no sólo de sí misma como escuela, sino de todas las personas, individual y colectivamente".

Los lazos humanos nos unen en una cosmópolis que depende del apoyo mutuo. Si no nos ayudamos unos a otros, la cosmópolis sufre. Y cuando la cosmópolis sufre, todos sufrimos. Marco Aurelio lo condensó en sus *Meditaciones*: "Lo que es malo para la colmena es malo para la abeja".

Somos Más Parecidos De Lo Que Creemos

Symphysin: Nuestra humanidad compartida

George Bernard Shaw ganó el Premio Nobel de Literatura en 1925 por *Santa Juana*. En 1939, se convirtió en la primera persona en recibir tanto un Nobel como un Oscar, este último por el guion adaptado de *Pigmalión*. Su obra se inspiraba profundamente en la historia, como refleja *César y Cleopatra*, escrita en 1898.

En el segundo acto de esta obra, César presenta a los reyes egipcios a su secretario Britannus, "un británico de unos cuarenta años, alto y solemne". Cuando Britannus se escandaliza por las costumbres locales egipcias y aconseja a César denunciarlas, César lo reprende, disculpándose ante la nobleza egipcia: "Es un bárbaro y cree que las costumbres de su tribu e isla son las leyes de la naturaleza".

Este intercambio revela que César comprende las diferencias entre culturas, mientras su secretario tiene una visión tribal de la diversidad humana. La crítica de que Britannus cree que sus costumbres son las leyes de la naturaleza podría aplicarse a la humanidad en general. La mente humana evolucionó para detectar diferencias antes que similitudes, predisponiéndonos a favorecer comportamientos familiares. Esto genera un punto ciego mental: enfatizamos demasiado las diferencias y subestimamos las similitudes que compartimos.

El estoicismo enseña que debemos resistir esta tendencia natural y recalibrar nuestras mentes para buscar similitudes. En el nivel más fundamental, todos compartimos la capacidad de pensamiento racional. Marco Aurelio reflexionó: "Si el pensamiento es algo que compartimos, también lo es la razón, lo que nos convierte en seres razonadores. Si es así, la razón que nos dice qué hacer y qué no hacer también es compartida. Y por tanto, somos conciudadanos. Y conciudadanos de algo. Y en ese caso, nuestro estado debe ser el mundo. ¿A qué otra entidad podría pertenecer toda la humanidad?"

Esta reflexión resulta más fascinante considerando que el reinado de Marco Aurelio estuvo marcado por constantes guerras en Mesopotamia y Europa central. Aun expuesto a la brutal naturaleza del conflicto armado, continuó buscando similitudes con el enemigo: "He visto la belleza del bien y la fealdad del mal, y he reconocido que el malhechor tiene una naturaleza parecida a la mía, no la misma sangre ni el mismo nacimiento, pero sí la misma mente, y posee una parte de lo divino".

La creencia de que compartimos similitudes nos lleva a comprender que nuestras preferencias también están relacionadas. Por ello, varios textos estoicos evocan la Regla de Oro. Séneca aconsejaba a los gobernantes: "Lo mejor que puedo hacer es establecer este modelo para que un príncipe lo imite: que desee tratar a sus conciudadanos como desea que los dioses lo traten a él".

El mismo consejo se aplicaba al trato de los esclavos, que constituían el 30% de la población del Imperio Romano. El estoicismo fue una de las primeras escuelas en abogar por un mejor trato hacia ellos: "Trata a tus inferiores del modo en que te gustaría ser tratado por tus propios superiores. Y siempre que te sorprenda el poder que tienes sobre tu esclavo, que te sorprenda también el poder que tu propio amo tiene sobre ti".

Los temas centrales del estoicismo se comparten con otras filosofías y religiones. El filósofo estoico contemporáneo Massimo Pigliucci señala que el estoicismo es ecuménico: tiene aplicación y atractivo generales gracias a sus puntos de contacto con otras escuelas de pensamiento.

El budismo comparte notables similitudes con el estoicismo, a pesar de haber surgido a miles de kilómetros de distancia. Ambas abogan por el bienestar mental a través de la introspección. La base de ambas filosofías es que la experiencia viene dictada por la calidad de la mente. Una enseñanza estoica fundamental es no apegarnos a lo externo, a lo que no controlamos. Buda expresó algo similar: "El apego es la raíz del sufrimiento".

La dicotomía del control también aparece en la Oración de la Serenidad de Reinhold Niebuhr: "Dios, concédeme la serenidad para aceptar las cosas que no puedo cambiar, el valor para cambiar las cosas que puedo, y la sabiduría para saber la diferencia".

El Bhagavad Gita contiene versos análogos a las enseñanzas estoicas. Krishna aconseja a Arjuna sobre la naturaleza temporal de las experiencias: "La felicidad y la infelicidad son experiencias temporales que surgen de la percepción de los sentidos. El calor y el frío, el placer y el dolor, van y vienen. Nunca duran para siempre. Por tanto, no te apegues a ellos. No tenemos control sobre ellos".

El filósofo musulmán Al-Kindi escribió sobre tratar las posesiones como préstamos: "Todo lo que tenemos de posesiones comunes es un préstamo de un prestamista, el Creador de las posesiones, grande sea Su alabanza, Quien puede reclamar Su préstamo cuando lo desee y dárselo a quien quiera".

Los textos confucianos también comparten similitudes con el estoicismo. Ambos se basan en la mejora del yo a través de la introspección. Confucio hablaba de su versión de la *premeditatio malorum*: "El hombre superior no olvida el peligro en su seguridad, ni la ruina cuando está bien establecido, ni la confusión cuando sus asuntos están en orden. De este modo gana en seguridad personal".

Nacemos preprogramados por la evolución para buscar diferencias, pero debemos tomar el control de nuestras mentes y anular esta característica, recordando siempre que somos más similares que diferentes.

La Enseñanza De Licurgo

Sympatheia: Conexión e interdependencia entre todas las cosas del cosmos.

Entre los veintitrés retratos de mármol en la Cámara de Representantes del Capitolio estadounidense, el de Licurgo de Esparta ocupa la pared norte. Este legendario príncipe y legislador reformó la sociedad espartana con su sistema militarista que perduró siglos.

Licurgo enfrentó la amarga reacción de los ciudadanos ricos cuando implantó la *syssitia*: comidas comunitarias obligatorias donde todos los miembros de la sociedad compartían mesa. La nobleza consideró degradante comer con las clases bajas y organizó una protesta. Durante el ataque de una turba enfurecida, un joven llamado Alcandro cegó a Licurgo de un ojo. Los guardias reales sofocaron la revuelta y entregaron a Alcandro a Licurgo para su castigo.

En lugar de tratarlo con dureza, Licurgo le brindó una educación completa, convirtiéndolo en un ciudadano respetable. Al presentarlo públicamente en un teatro abarrotado, sus seguidores lo acusaron de no haber castigado adecuadamente al joven. Licurgo respondió: "El que me entregasteis era violento y agresivo; os lo devuelvo civilizado y refinado".

Esta historia, recogida en las *Vidas paralelas* de Plutarco, encierra una enseñanza estoica fundamental que Epicteto narraba a sus alumnos: procurar mejorar a los demás. La idea está vinculada al concepto de *sympatheia*. La naturaleza social del ser humano nos hace empáticos; ayudar a otros a mejorar sus vidas impacta positivamente en nuestro propio bienestar mental. También conlleva ramificaciones prácticas: aquellos a quienes ayudamos comparten la sociedad con nosotros. Al mejorarlos, mejoramos nuestras propias condiciones de vida.

La forma más efectiva de mejorar a alguien es proporcionándole educación. El conocimiento tiene un efecto transformador que no puede igualarse, algo que Licurgo comprendía al determinar su trato hacia Alcandro. Epicteto relacionó la importancia del aprendizaje con la idea de que nadie comete errores a propósito: "Mi juicio es pobre y no sé lo que realmente debería hacer. Pero si esto no se puede aprender ni enseñar, entonces no me culpen por ello. Si se puede, entonces enséñamelo tú, o déjame aprender de alguien que dice saber; ya que espero que no supongas que si estoy haciendo las cosas mal es por elección. ¿Qué otra cosa podría explicar mi error sino la ignorancia? ¿Y no preferirías que me curara de eso?"

Marco Aurelio se consideraba responsable de enseñar a los demás. Si no lo hacía, estimaba que sus futuros errores eran culpa suya: "Si han cometido un error, corrígelos con suavidad y muéstrales en qué se equivocaron. Si no puedes hacerlo, la culpa es tuya. O de nadie".

Pero educar a los demás es arduo. El malhechor no es consciente de sus errores, considerará innecesaria la educación y se resistirá al cambio. Marco Aurelio subraya que la clave radica en la amabilidad: "La amabilidad es invencible, siempre que sea sincera, no irónica ni un acto. ¿Qué puede hacer incluso la persona más viciosa si sigues tratándola con amabilidad y la enderezas suavemente -si tienes la oportunidad- corrigiéndola alegremente en el momento exacto en que intenta hacerte daño? No lo hagas sardónica o mezquinamente, sino afectuosamente, sin odio en tu corazón".

Séneca apelaba a la *sympatheia*: debemos invocar nuestros sentimientos de parentesco mutuo. En *Sobre la clemencia*, afirmó: "El hombre sabio socorrerá las lágrimas de otro, no se unirá a ellas; dará una mano al náufrago, refugio al exiliado, una moneda al necesitado, no el tipo de ofrenda insultante que la mayoría de los que quieren parecer compasivos tiran a la basura, disgustados por aquellos a los que ayudan y temerosos de ser tocados por ellos, sino una moneda dada por un ser humano a otro de una fuente que comparten".

La ira es una reacción habitual ante los errores ajenos. Nuestro cableado evolutivo nos hace sentir satisfacción al reprender a alguien, pero esta reacción es contraproducente. Epicteto preguntaba: "¿Cuándo ha enseñado la ira a alguien a tocar música o a pilotar un barco? ¿Te imaginas que tu ira va a ayudarme a aprender cosas mucho más complejas de la vida?"

Marco Aurelio analizaba la situación desde una perspectiva reveladora: "Qué cruel es prohibir a la gente que quiera lo que cree que es bueno para ella. Y eso es justo lo que no les permites hacer cuando te enfadas por su mal comportamiento. Se sienten atraídos hacia lo que creen que es bueno para ellos. 'Pero no es bueno para ellos'. Pues demuéstraselo. En lugar de perder los estribos".

La gente actúa según lo que considera correcto. Si nos enfadamos por su comportamiento, pensarán que intentamos impedirles hacer lo que les conviene. El objetivo es ser percibido como un maestro benévolo, no como un opresor.

Licurgo transformó a Alcandro porque encarnaba lo que enseñaba. Alcandro tenía un ejemplo al que emular. Una de las formas más eficaces de mejorar a los demás es enseñar con el ejemplo. Las personas responden positivamente a quienes les muestran amabilidad y empatía. Poco a poco, adoptan esas características. Musonio Rufo desafiaba a sus alumnos: "Es característico de un temperamento civilizado y humano no responder a los agravios como lo haría una bestia ni ser implacable con quienes ofenden, sino ofrecerles un modelo de comportamiento decente".

Durante su juventud, Marco Aurelio tuvo un profesor llamado Alejandro de Cotiaeum, quien lo impresionó por el tacto con el que corregía errores gramaticales. Alejandro no señalaba explícitamente un error, sino que guiaba discretamente en la dirección correcta. Décadas después, Marco Aurelio escribió: "Sobre Alejandro de Cotiaeum: No estar corrigiendo constantemente a la gente y no saltar sobre ellos cada vez que cometen un error de uso o un error gramatical o pronuncian mal algo, sino simplemente responder a su pregunta o añadir otro ejemplo, o debatir la cuestión en sí, e insertar la expresión correcta, discretamente".

Mejorar a los demás requiere bondad, autocontrol, dar lo mejor de uno mismo y enseñar con el ejemplo. La recompensa merece la pena. Quien enseña algo a otros lo aprende dos veces: mejorando a los demás, nos mejoramos a nosotros mismos.

ESTOICISMO PRÁCTICO

El Poder De La Gratitud

Charis: Gracia. Hacer el bien sin esperar nada a cambio.

Séneca dedicó siete libros a un tema inesperado: los beneficios. Estos escritos, *De Beneficiis*, exploran la complejidad del término "beneficium": favor, gratitud, regalo o cualquier acto de bondad. Séneca lo define: "¿Qué es un beneficium? Es una acción bienintencionada que confiere alegría y, al hacerlo, obtiene alegría, inclinada y dispuesta a hacer lo que hace. No importa qué se hace o qué se da, sino con qué actitud, ya que el beneficio no consiste en lo que se hace o se da, sino en la intención de quien da y hace".

En la antigua Roma, las manifestaciones de aprecio eran cruciales para la estabilidad social. En un imperio donde el 20% de los emperadores fueron asesinados mientras estaban en el poder y los asesinatos de senadores eran comunes, el intercambio de gestos amables señalaba buena voluntad y reducía las posibilidades de violencia. Lejos de ser superficial, era un componente necesario de la cohesión social.

Las lecciones estoicas sobre este tema siguen siendo relevantes. Son parte importante de la *sympatheia*, que lleva a un mayor sentido de conexión mutua y empatía entre las personas. Séneca sostiene que el intercambio efectivo de *beneficiis* requiere ciertas reglas de compromiso, tanto para quienes dan como para quienes reciben.

La primera regla para dar es una versión modificada de la Regla de Oro: da de la forma en que te gustaría recibir. El propósito de mostrar gratitud es conferir alegría a otra persona; el beneficio debe percibirse como algo positivo para que el intercambio sea exitoso. Séneca afirma: "¿Puede alguien estar agradecido a una persona que se deshace del beneficio con arrogancia, se lo echa en cara con enfado o se lo da sólo por cansancio, para evitar más molestias? Un beneficio se debe con la misma actitud con la que se da; por eso no debe darse descuidadamente".

Quien da debe recordar que el intercambio debe ser relacional, no transaccional. Ambas partes deben sentir que la demostración de aprecio fortalece su vínculo: "Si piensas darlo, lo harás de la forma que más beneficie al receptor. Estarás satisfecho de ser tu propio testigo. De lo contrario, la satisfacción no viene de conceder el beneficio, sino de que se vea que lo has hecho".

Séneca relata una anécdota sobre un hombre que concedió un préstamo a un amigo y luego se paseó por la ciudad jactándose de su generosidad. El amigo, irritado por su comportamiento presumido, dio por sentado que el préstamo ya había sido devuelto. Séneca concluye: "El que da un beneficio debe guardar silencio; el que lo recibe debe hablar". Cuando el jactancioso preguntó cuándo le habían pagado, su amigo respondió: "Bastante a menudo y por todas partes; siempre y dondequiera que se lo contaras a la gente".

El acto de mostrar bondad hacia otro crea un recuerdo profundo y duradero. La entrega de un beneficio nunca puede ser arrebatada: "Las cosas que tenemos en nuestras manos, que contemplamos, las cosas que son el centro de nuestros deseos, esas cosas son vulnerables; la mala suerte y la injusticia pueden arrebatárnoslas. Pero un beneficio perdura incluso cuando hemos perdido la cosa por la que nos fue dado; porque el beneficio es un acto virtuoso, y ninguna violencia puede anularlo".

Al recibir un beneficio, la etiqueta se centra en demostrar gratitud. Responder a un gesto amable con agradecimiento es crucial para que el intercambio sea exitoso: "¿Cuál es la intención de la persona que da un beneficio? Ser útil al receptor y proporcionarle placer. Si logró este objetivo y si su intención me llegó y sentimos placer mutuo, entonces consiguió lo que pretendía. Porque él no quería recibir algo a cambio; de lo contrario, no se trataba de un beneficio, sino de un negocio".

Un error común es creer que las muestras de aprecio deben corresponderse con una demostración equivalente. Este enfoque cae en la trampa de ver el intercambio como una transacción. La verdadera retribución de un beneficio es una expresión sincera de gratitud: "Recibir un beneficio con gratitud es la primera cuota de su devolución".

Cicerón compartía esta perspectiva sobre la importancia de expresar gratitud. En su discurso *Pro Plancio*, argumentaba: "Aunque deseo estar adornado con todas las virtudes, no hay nada que pueda estimar más que ser y parecer agradecido. Porque esta virtud no sólo es la más grande, sino que también es la madre de todas las demás virtudes".

No debemos juzgar un beneficio por su tamaño o extravagancia, sino por los medios y la intención de quien lo da. Un pequeño regalo dado de corazón siempre es superior a uno grande dado con indiferencia: "Lo que esta persona me dio es muy pequeño; pero no podía hacer más. Lo que esta persona me dio es grande; pero dudó, lo aplazó, gimió mientras daba, dio con arrogancia, y alardeó del hecho de que estaba dando, y no tenía intención de dar placer al que lo recibía. Daba para su propia ambición y no para mí".

El último consejo para recibir beneficios es nunca olvidarlos. La adaptación hedónica puede hacernos anhelar cosas nuevas y olvidar lo que se nos dio en el pasado: "Cuando el deseo de novedades hace que lo que se nos ha dado parezca poco importante, el donador llega a ser menospreciado. Amamos y admiramos a alguien y admitimos que es la base de nuestra prosperidad actual, pero sólo mientras nos complazca lo que recibimos de él".

A menudo actuamos de manera desconsiderada hacia nuestros maestros: "Olvidamos a nuestros maestros y los beneficios que nos confirieron, porque hemos dejado atrás toda nuestra infancia; perdemos de vista lo que se hizo por nosotros en nuestra adolescencia, porque nunca volvemos la vista atrás a esa etapa de nuestra vida. Todos nosotros tratamos los acontecimientos anteriores no como cosas del pasado, sino como cosas que han pasado".

Por La Virtud Se Conoce, No Por Lo Que Se Aparenta

Ethos: Carácter que define las creencias y valores de una comunidad o individuo, esencial en la retórica para establecer credibilidad.

Londres, 1821. El general Gregor MacGregor regresó de Centroamérica con un título que deslumbró a la alta sociedad: Cacique de Poyais. Ahora gobernaba ocho millones de acres en la costa caribeña de Honduras, un territorio más extenso que Gales. Según MacGregor, el clima de Poyais era "notablemente saludable y se adaptaba de maravilla a la constitución europea". La tierra daba tres cosechas anuales. La capital tenía avenidas arboladas, un palacio, una ópera y una catedral imponente.

En pocos meses, MacGregor consiguió que la Bolsa de Londres listara bonos del Gobierno de Poyais. Trescientos londinenses compraron pasajes para colonizar el territorio. Todos cayeron en una de las mayores estafas de la historia. Poyais era solo una bahía pantanosa en la actual Nicaragua. Los miskitos, que no encontraban utilidad en esas tierras hostiles, se las habían cedido a MacGregor por ron y baratijas. Los colonos llegaron a una selva inexplorada. Hambre, malaria y fiebre amarilla los esperaban. Menos de cincuenta sobrevivieron.

MacGregor huyó a Francia, donde intentó perpetrar la misma estafa hasta ser arrestado. Finalmente escapó a Venezuela, donde murió.

La facilidad con que Londres cayó ante el encanto de MacGregor expone una debilidad humana que los estoicos conocían bien. Séneca, observando esta tendencia a juzgar por las apariencias, trazó una analogía directa: "Un hombre que examina la silla y la brida y no al animal en sí cuando va a comprar un caballo es un necio; del mismo modo, sólo un necio absoluto valora a un hombre según su ropa, o según su posición social, que al fin y al cabo no es más que algo que llevamos como ropa".

A pesar de ser él mismo rico y famoso, Séneca entendía que estas cosas podían ser alcanzadas por personas de carácter profundamente defectuoso: "Ninguno de los que han sido encumbrados por la riqueza y los honores es realmente grande. ¿Por qué entonces parece grande? Porque estás midiendo el pedestal junto con el hombre. Un enano no es alto, aunque esté de pie en una montaña; un Coloso mantendrá su tamaño aunque esté de pie en un pozo".

Los estoicos observaron una incoherencia fascinante en nuestro comportamiento. Criticamos a quienes se dejan engañar por apariencias, pero cuando recibimos nosotros elogios inmerecidos, los aceptamos con gusto. Nos honra que alguien nos sobreestime y luego amonestamos a esa misma persona por glorificar a una celebridad vacía.

Séneca advierte contra el orgullo por lo que no es verdaderamente nuestro: "En un hombre sólo se debe alabar lo que es propio. Supongamos que tiene una hermosa casa y una hermosa colección de sirvientes, una gran cantidad de tierra cultivada y un montón de dinero a interés; no se puede decir que ninguna de esas cosas esté en él, son sólo cosas que le rodean. Alabad en él lo que no se puede dar ni arrebatar, lo que es peculiarmente de un hombre".

Epicteto reforzó este punto con otra imagen: "No te enorgullezcas de ningún bien que no sea el tuyo. Podríamos soportar a un caballo si presumiera de su belleza. Pero, ¿no ves que cuando presumes de tener un caballo hermoso, te estás atribuyendo los rasgos del caballo?"

El mensaje es claro: "Quien entre en nuestra casa debe admirarnos a nosotros y no a nuestros muebles".

Pero evaluar el carácter real de alguien, incluso filtrando fama y posesiones, sigue siendo complejo. El estoicismo ofrece una solución práctica: observar las acciones. El carácter se revela más por lo que hacemos que por lo que decimos. La virtud, además, está abierta a todos: "La virtud no cierra la puerta a nadie. Está abierta a todos y nos deja entrar a todos, nos invita a entrar: a los nacidos libres, a los ex-esclavos, a los esclavos, a los reyes y a los exiliados. No elige la ascendencia ni la riqueza; la virtud se conforma con la persona desnuda".

Séneca conectó esto con el concepto estoico del cosmopolitismo. Todos formamos parte de la misma cosmópolis, y solo la virtud expresada nos diferencia: "Todos estamos hechos de los mismos elementos y todos tenemos el mismo origen. Nadie es más noble que nadie, excepto la persona con un carácter más recto y dotado de más rasgos buenos". Las máscaras ancestrales en los recibidores y los árboles genealógicos exhibidos en las entradas de las casas palaciegas no hacen a nadie más noble. "El cosmos es el único progenitor de todos nosotros, y la ascendencia de todos se remonta a esa fuente, independientemente de que los caminos hacia ese origen sean gloriosos o humildes".

El poeta Ralph Waldo Emerson, profundamente influenciado por el estoicismo, condensó esta enseñanza en una frase memorable: "La esencia de la grandeza es la percepción de que la virtud es suficiente".

La historia de MacGregor y sus víctimas nos recuerda que las apariencias engañan con facilidad devastadora. Los estoicos nos enseñan que lo único que merece nuestra atención y respeto es el carácter manifestado en acciones virtuosas. Todo lo demás es decoración.

El Poder Silente De La Modestia

Tapeinophrosynê: Humildad. Reconocer los propios límites y falibilidad.

La historia recuerda mejor a quienes practicaron la humildad —o carecieron de ella— que a muchos conquistadores. En el 458 a.C., Lucio Quincio Cincinato cultivaba su pequeña granja cuando los mensajeros del Senado lo encontraron. Los ecuos habían invadido Roma y derrotado a ambos cónsules. El Senado, desesperado, lo nombró dictador con poderes absolutos por seis meses.

Cincinato, vestido con su vieja toga senatorial sacada de una rústica cabaña, marchó a Roma. En quince días venció a los ecuos en el Monte Álgido. Roma lo recibió con una procesión triunfal. Tenía el poder absoluto, la adoración del pueblo y seis meses de mandato restante. Disolvió su ejército, renunció a la dictadura y regresó a su granja.

Un siglo después, Eróstrato demostró que el egoísmo también garantiza la inmortalidad. Este ciudadano de Éfeso vivía cerca del Templo de Artemisa, una de las Siete Maravillas que Antípatro de Sidón consideraba la más grandiosa. Eróstrato anhelaba que su nombre perviviera para siempre. Una noche prendió fuego a las vigas del templo y lo destruyó.

Fue capturado y condenado a la primera *damnatio memoriae* de la historia: mencionar su nombre, por escrito o palabra, se castigaba con muerte. Hoy el término "fama erostratiana" describe la notoriedad buscada a cualquier precio. Ambos hombres siguen siendo recordados 2400 años después, pero por razones opuestas.

Las sociedades occidentales modernas subestiman la humildad. Los estudios psicológicos la sitúan entre los rasgos más valorados, pero voces influyentes la tachan de lastre en un mundo que premia el autobombo, llegando a afirmar que sofoca el liderazgo. El estoicismo discrepa rotundamente.

Para los estoicos, la humildad trasciende el rasgo social agradable: es la clave del crecimiento personal. Solo quien reconoce tener margen de mejora puede superarse. Epicteto lo establece como principio fundamental: "Lo primero que debe hacer un aspirante a filósofo es deshacerse de su engreimiento; una persona no va a emprender el aprendizaje de nada que crea que ya sabe".

La verdadera sabiduría requiere mecanismos de corrección. Esto implica reconocer errores y estar dispuestos a cambiar. Séneca escribió: "No es veleidad abandonar lo que has reconocido y condenado como un error; tienes que declarar honestamente: 'Pensaba algo diferente; me engañaron'. Pertenece a la terquedad de la orgullosa estupidez decir: 'Lo que he dicho una vez, sea lo que sea, ha de ser ley irrevocable'".

Marco Aurelio, emperador de Roma, valoraba que lo corrigieran —algo inusual cuando los emperadores castigaban a quienes contradecían sus palabras. "Si alguien puede refutarme —demostrarme que estoy cometiendo un error o que veo las cosas desde una perspectiva equivocada—, cambiaré con mucho gusto. Lo que busco es la verdad, y la verdad nunca ha hecho daño a nadie. Lo que nos perjudica es persistir en el autoengaño y la ignorancia".

Observó además una incoherencia fundamental: "Es ridículo no escapar de los propios vicios, lo cual es posible, mientras se intenta escapar de los vicios de los demás, lo cual es imposible".

Solicitar ayuda no señala debilidad sino sabiduría. Esta enseñanza concuerda con el concepto estoico de *sympatheia*: encontramos la felicidad ayudándonos mutuamente. Marco Aurelio lo comparaba con soldados en batalla: "No te avergüences de necesitar ayuda. Como un soldado que asalta un muro, tienes una misión que cumplir. ¿Y si te han herido y necesitas que un camarada te levante? ¿Qué más da?". Séneca fue más directo: "Virtud es estar dispuesto y ser capaz de aceptar consejos".

La arrogancia arruina las relaciones. Dante ubicó a los arrogantes en el noveno círculo del infierno. Séneca ilustró esto con Alejandro Magno, quien regaló una ciudad entera a alguien. Cuando el destinatario, midiendo las consecuencias, sugirió que el regalo no era apropiado para su posición, Alejandro replicó: "No considero lo que es apropiado que tú aceptes, sino sólo lo que es apropiado que yo dé". La arrogancia corrompió incluso su generosidad.

El exceso de arrogancia acumula enemigos. No todos practican el estoicismo; algunos carecerán del control para contenerse. Séneca advirtió que la humildad es autoprotección: "Aunque por tolerancia omitamos la venganza, alguien se levantará para castigar al hombre impertinente, arrogante e injurioso; pues sus ofensas nunca se agotan en un solo individuo o en un solo insulto".

Cuando enfrentamos a alguien sin humildad, debemos recordar que todos cometemos errores. Se necesita humildad para reconocer que nuestras propias acciones pueden haber sido arrogantes. "Si queremos ser jueces justos en todos los asuntos", escribe Séneca, "convenzámonos primero de que ninguno de nosotros está libre de culpa. Porque ésta es la fuente de la mayor indignación, el pensar 'estoy libre de pecado' y 'no he hecho nada': no, más bien, no se admite nada".

El estoicismo ensalza la humildad como señal de sabiduría y virtud. Aunque la cultura predominante sea demasiado miope para reconocer su valor, el deber del estoico es mostrarla.

Elige Bien A Tus Amistades

Phronêsis: Sabiduría práctica para discernir la acción correcta.

El 3 de julio de 1582, la humanidad perdió a uno de sus genios más prometedores. James "El Admirable" Crichton fue asesinado en Mantua a los veintiún años. En su corta vida había alcanzado logros comparables a los de Leonardo da Vinci.

Nacido en Clunie, Escocia, Crichton se licenció y obtuvo un máster en St Andrews a los catorce años. Polímata brillante, dominaba doce idiomas, las artes y las ciencias. También destacaba como jinete, esgrimista y músico. Su fama se consolidó cuando desafió a los profesores del Collège de Navarre en Francia a debatir sobre cualquier tema, en cualquiera de sus doce idiomas. Todos los que aceptaron fueron superados.

En 1581 llegó a Mantua para servir en el consejo del duque. Allí entabló amistad con el hijo del duque, el príncipe Vincenzo Gonzaga, conocido por su carácter malcriado y errático. Gonzaga frecuentaba los peores antros de Mantua con un séquito de revoltosos. Crichton se integró gradualmente en esa banda, tomando decisiones cada vez peores bajo su influencia. La fatal fue seducir a la amante de Gonzaga.

La noche del 3 de julio, el príncipe lideró una emboscada de hombres enmascarados. Él mismo atravesó a Crichton con su espada. Uno de los genios más prometedores de la historia murió por culpa de las malas compañías.

El estoicismo entiende que, como animales sociales, alcanzar la eudaimonia depende en gran medida de nuestras relaciones. La premisa fundamental es clara: nuestros amigos nos influirán. Nadie es completamente inmune. Epicteto lo expresa sin rodeos: "Si un compañero está sucio, sus amigos no pueden evitar ensuciarse también un poco, por muy limpios que hayan empezado."

Sabiendo que nuestras compañías nos influirán, debemos elegirlas con inteligencia. En el momento en que alguien entra en tu círculo cercano, empieza a ejercer su influjo. Séneca describe la amistad constructiva como aquella de mejora mutua: debemos buscar personas con cualidades que admiremos y queramos cultivar, pues "los hombres aprenden cuando enseñan".

Las personalidades tranquilas son especialmente beneficiosas. "Nuestros íntimos deben ser muy tranquilos y fáciles de tratar, no nerviosos ni malhumorados", aconseja Séneca, ya que adquirimos hábitos de nuestros compañeros. Así como algunos trastornos se transmiten por contacto corporal, la mente transmite sus defectos a los más cercanos. Por ello, "las mentes que carecen de fuerza se benefician de la compañía de una multitud mejor."

Epicteto observa algo crucial sobre las amistades del pasado. La adquisición de sabiduría transforma continuamente quiénes somos. Algunas amistades quizás no entiendan ni apoyen tu crecimiento. Pueden intentar que vuelvas a ser como antes o tratarte diferente. Epicteto advierte: "Debes tener especial cuidado al relacionarte con uno de tus antiguos amigos o conocidos para no hundirte a su nivel; de lo contrario, te perderás a ti mismo. Si te preocupa la idea de que 'pensará que soy aburrido y ya no me tratará como antes', recuerda que todo tiene un precio. No es posible cambiar de comportamiento y seguir siendo la misma persona de antes."

La verdadera amistad se sustenta en la *sympatheia*: el deseo mutuo del bienestar del otro. Quien solo busca su propio interés no es un amigo real. Séneca lo explica: "Quien piense en sus propios intereses y busque la amistad con esta perspectiva comete un gran error. Las cosas acabarán como empezaron; ha conseguido un amigo que va a acudir en su ayuda si amenaza el cautiverio: al primer ruido de una cadena ese amigo desaparecerá."

Estas son las amistades de buen tiempo. Una persona adoptada como amigo por su utilidad será cultivada solo mientras sea útil. El final coincide inevitablemente con el principio: quien empieza a ser tu amigo porque le pagas, dejará de serlo por la misma razón.

Séneca, tras décadas en la traicionera política romana, sabía que la adulación y la envidia van de la mano: "Para saber cuántos te envidian, cuenta a tus admiradores."

La única protección contra personas con segundas intenciones es ser diligentes antes de entablar una amistad: "Después de entablar amistad debes confiar, pero antes debes juzgar. Las personas que juzgan a un hombre después de haberlo hecho su amigo y no al revés, ponen la carreta delante de los bueyes. Piensa durante mucho tiempo si debes o no admitir en tu amistad a una persona determinada. Pero cuando te hayas decidido a hacerlo, acógela con el corazón y con el alma, y habla con ella sin reservas, como lo harías contigo mismo."

Las verdaderas amistades son escasas, por eso son tan valiosas. Un buen amigo puede tener un impacto duradero y positivo en nuestras vidas. La tragedia de Crichton muestra las consecuencias de asociarse con las personas equivocadas.

Quienes cuentan con amigos verdaderos poseen un tesoro inmensamente valioso. Séneca lo resume: "No sabes cuán grande es el valor de la amistad si no comprendes que estarás dando mucho a alguien al darle un amigo, algo raro no sólo en los palacios, sino en los siglos, en ningún lugar más escaso que donde se cree que abunda."

El Poder Sanador Del Humor

Eukrasia: Equilibrio óptimo de los humores corporales, clave para la salud y el bienestar según la medicina antigua.

Séneca fue autor prolífico y diverso. Además de numerosos ensayos filosóficos, compuso nueve tragedias. Hasta el siglo XVI, se pensaba que el Séneca filósofo y el Séneca dramaturgo eran dos personas distintas. Entre su vasta obra, hay un texto que rara vez se menciona: *La Calabacina de Claudio el Dios*. Esta sátira sobre el emperador Claudio, escrita tras su muerte, revela un Séneca diferente. Claudio lo había exiliado a Córcega durante casi diez años.

La obra abre con la llegada de Claudio al cielo. Los dioses romanos lo envían al inframundo, donde es sentenciado a ser burócrata judicial por toda la eternidad. Séneca describe así los últimos instantes del emperador: "Sus últimas palabras oídas entre los mortales —después de haber emitido un sonido más fuerte desde aquella parte con la que le resultaba más fácil comunicarse— fueron las siguientes: 'Santo cielo. Creo que me he cagado encima'. Bueno, eso no lo sé, pero desde luego se cagó en todo lo demás."

Sorprende encontrar chistes escatológicos en Séneca, pero sus textos filosóficos están repletos de pasajes que evidencian cómo el humor es necesario para el bienestar. La psicología moderna lo corrobora. Los psicólogos Herbert M. Lefcourt y Rod A. Martin escribieron en 1986: "El humor y la risa representan un mecanismo importante para hacer frente a muchos de los estresores psicosociales que los seres humanos encuentran en su vida diaria."

Nuestro estado mental es consecuencia de cómo percibimos lo que nos rodea. Podemos elegir ver un suceso con lentes tristes azules o alegres rosas. El suceso permanecerá objetivamente igual, pero tenemos total control sobre cómo lo percibimos. Mantener el sentido del humor es optar por los lentes rosa. Séneca aconsejó: "La mayoría de las cosas deben convertirse en una broma. Cuando Sócrates fue golpeado en la cabeza, no respondió más que diciendo que era una molestia que la gente no supiera cuándo era una buena idea llevar casco al salir de casa."

Esto no significa que debamos tratar todo con sorna o adoptar una falsa felicidad. La idea es que vivir con lentes azules nos llevará a sufrir innecesariamente. Muchos problemas no son tan graves como los pintamos. Convertirlos en broma alivia el estrés.

Séneca comparó a Demócrito y Heráclito para ilustrar este punto. Ambos fueron brillantes filósofos. A Demócrito se le conocía como el "filósofo de la risa". Heráclito era el "filósofo llorón". Ambos eran admirados por su intelecto, pero solo Demócrito se consideraba un ejemplo digno de emular. "Deberíamos adoptar una visión más ligera de las cosas y soportarlas con un espíritu indulgente", escribió Séneca. "Es más humano reírse de la vida que lamentarse por ella."

El humor compartido fortalece las relaciones. Antígono, rey de Macedonia tras Alejandro Magno, lo demostró cuando dos soldados criticaban a su rey apoyados en su tienda. Antígono lo oyó todo desde el otro lado de la cortina. En lugar de ejecutarlos, apartó ligeramente la tela y dijo: "Id un poco más lejos, para que el rey no os oiga." Sus tropas le fueron más leales tras conocer su sentido del humor.

Catón se ganó el favor del Senado romano de manera similar. Cuando Léntulo, conocido gruñón, le escupió directamente en la cara durante un debate, Catón se limpió y dijo: "Doy fe a todos, Léntulo, de que los que dicen que no tienes talento están totalmente equivocados."

El humor tiene una capacidad sin igual para iluminar situaciones difíciles. Es especialmente poderoso cuando quien pasa por dificultades lo usa para reconfortar a quienes la rodean. Julio Canus, filósofo estoico condenado a muerte por Calígula, estaba jugando ajedrez cuando le comunicaron la sentencia. Contó los peones y dijo a su compañero: "Procura que después de mi muerte no digas falsamente que has ganado." Luego, señalando al centurión, añadió: "Tú serás testigo de que llevo un peón de ventaja."

Canus mantuvo el humor hasta el final. A sus amigos entristecidos les dijo: "¿Por qué estáis tristes? Os preguntáis si nuestras almas son inmortales; pero pronto lo sabré."

El propio Séneca empleó este uso del humor cuando Nerón lo condenó a muerte. Según Tácito, mientras su familia estaba visiblemente disgustada, él se burló de la situación: "¿Acaso la crueldad de Nerón era desconocida para alguno de nosotros?"

El Senado romano era un entorno despiadado. El profesor Martin Jehne documentó que los senadores se llamaban frecuentemente *exoltus* (prostituto) y amenazaban a sus adversarios con *irrumatio* (violación oral). Solo los de piel gruesa sobrevivían. Séneca creía que el mejor antídoto contra el abuso verbal era el autodesprecio: "Nadie se convierte en hazmerreír si se ríe de sí mismo."

Las personas que saben reírse de sí mismas poseen una habilidad valiosa. Estudios modernos indican que quien se ríe de sí mismo es percibido como más accesible y simpático. Señala confianza suficiente para admitir defectos, un rasgo vinculado al liderazgo eficaz.

Séneca recomendaba responder a los insultos con naturalidad. Debemos evaluar si lo que se dice es cierto. En caso afirmativo, no es insulto sino observación sincera: "Si merezco estas cosas, no hay insulto: es justicia; si no las merezco, el que comete la injusticia es el que debe sonrojarse."

Los filósofos estoicos tienen una larga historia de usar el humor como acto de desafío. Bromear en situaciones de alto riesgo es la máxima demostración de indiferencia hacia lo externo. Un tirano amenazó al filósofo Teodoro con muerte y falta de sepultura. Teodoro respondió: "Eres un necio si crees que tiene alguna importancia para mí que me pudra sobre la tierra o bajo ella."

Epicteto expresó algo similar: "Tengo que morir. Si es ahora, pues moriré ahora; si es más tarde, pues ahora almorzaré, ya que ha llegado la hora de almorzar, y de morir me ocuparé más tarde."

Lord Byron lo resumió perfectamente: "Ríe siempre que puedas; es una medicina barata."

Riqueza Mental, Pobreza Material

Aponia: Ausencia de dolor físico, uno de los ideales del sabio.

La riqueza no garantiza felicidad. Jakob Fugger, nacido en 1459 en una familia de comerciantes textiles alemanes, viajó desde niño entre Augsburgo y Venecia. A los catorce años ya representaba el negocio familiar. Convenció a sus hermanos de adentrarse en la minería, convirtiendo su explotación en un monopolio del cobre europeo. Amasó una fortuna equivalente al 2% del PIB europeo de la época.

A pesar de su éxito financiero, Jakob vivió infeliz. Pasó gran parte de su vida en amargas disputas con su familia, que lo abandonó. Era autoritario y despiadado. Su esposa se negó a tener hijos con él y se casó con su socio poco después de su muerte. Cuando le preguntaron si pensaba retirarse para disfrutar de su riqueza, respondió que seguiría haciendo dinero mientras viviera. Su epitafio autodictado afirmaba que "no era comparable a nadie en vida, así que después de muerto no debe contarse entre los mortales". Murió solo y frustrado porque los Habsburgo no le consideraban de la realeza.

Los estoicos definían la pobreza de manera distinta a nosotros. Hoy, la pobreza se vincula exclusivamente a los ingresos, es un término técnico y cuantificable. Para los estoicos, ser pobre no significa carecer de dinero, sino de lo necesario.

Séneca lo explica: "No es pobre el hombre que tiene demasiado poco, sino el que ansía más. ¿Qué importa cuánto tenga un hombre guardado en su caja fuerte o en su almacén, cuán grandes sean sus rebaños y cuán gordos sus dividendos, si codicia los bienes de su prójimo y no tiene en cuenta sus ganancias pasadas, sino sus esperanzas de ganancias futuras?"

El límite adecuado de la riqueza es, primero, tener lo necesario y, segundo, tener lo suficiente. Esta definición implica que tanto la pobreza como la riqueza no dependen del dinero. Un multimillonario es pobre si no tiene lo que anhela; un mendigo tiene riqueza si encuentra satisfacción en su situación. El énfasis está en el estado de ánimo, no en los recursos financieros. Buda enseñaba algo similar: "La satisfacción es la mayor riqueza".

El estoicismo no niega valor al dinero. Enseña que el dinero en sí mismo no tiene valor, pero puede ayudar en la búsqueda de una buena vida si genera un estado mental de bienestar. La mente requiere satisfacer ciertas necesidades básicas para funcionar correctamente, y el dinero puede facilitarlo. La riqueza es parte del camino, pero el bienestar es el destino. La riqueza puede facilitar el viaje, pero no garantiza una llegada satisfactoria.

Séneca escribió: "Es una locura pensar que lo que importa es la cantidad de dinero y no el estado de ánimo". Plutarco ilustró esto con una anécdota: cuando elogiaron a un tipo alto por tener madera de buen boxeador, el entrenador Hipómaco comentó: "Sí, si la corona estuviera colgada y hubiera que alcanzarla". Así también podemos decir a quienes se deslumbran por las grandes propiedades y sumas de dinero: "Sí, si la felicidad estuviera a la venta y se obtuviera mediante la compra".

Montaigne distingue entre dos tipos de pobreza. La "pobreza de bienes" puede solucionarse, pero la "pobreza de alma" —una mentalidad que se niega a encontrar satisfacción en su estado actual— es irreparable. "La pobreza de bienes se cura fácilmente; la pobreza de alma es irreparable". Este fue el error de Jakob Fugger: persiguió la acumulación de riqueza en lugar del bienestar mental.

En su ensayo a su hermano Galión, Séneca aborda cómo ver la riqueza basándose en la dicotomía del control: la riqueza es externa, fuera de nuestro control. Apegarse a lo externo conduce a la decepción. Por eso insta a ver el dinero con desapego: "En mi caso, si las riquezas se me escapan, no me quitarán nada más que a ellas mismas, mientras que si te abandonan a ti, te quedarás estupefacto y sentirás que te han robado tu verdadero yo. A mis ojos las riquezas ocupan un lugar determinado, a los tuyos ocupan el más alto. En fin, yo poseo mis riquezas, las tuyas te poseen a ti".

Epicteto va más allá con una observación provocadora: "Si otro es rico, mira lo que tienes tú en su lugar. Si en lugar de riqueza no tienes necesidad de riqueza, sabe que posees algo más que él, y de mucho mayor valor".

No necesitar riqueza es más valioso que la riqueza misma. Si podemos crear un estado de ánimo donde el bienestar solo dependa de lo que controlamos, ¿por qué poner nuestra felicidad en manos de un externo como la riqueza? No necesitar riqueza es un atajo hacia la felicidad sin la molestia de acumularla. Podemos adquirir riqueza sumando a nuestra cuenta bancaria o restando a nuestros deseos.

Comparaciones Equitativas

Aequitas: Ecuanimidad. Estabilidad mental ante circunstancias cambiantes.

En el 155 a.C., Atenas saqueó Oropus, territorio bajo control romano. Roma impuso una sanción absurda: 500 talentos de oro, aproximadamente 12.000 kilos. Los atenienses sabían que pagar era inviable, pero no hacerlo significaba enfrentar a Roma directamente.

Atenas envió una delegación inesperada: tres filósofos. Critolao, Carneades y Diógenes el Estoico llegaron a Roma con una misión diplomática. Ante el Senado, argumentaron que una multa tan elevada paralizaría Atenas y generaría profundo resentimiento. Roma debía elegir: una Atenas amargada y poco cooperativa o un aliado en la región. No podían pretender imponer una multa devastadora y mantener a Atenas como aliada. Los romanos redujeron la multa en un 80%.

Roma había cometido el error de esperar los beneficios de una opción sin sus consecuencias. Querían grandes pagos sin una Atenas agraviada. Los textos estoicos advierten constantemente contra esta falacia. Muchas cosas en la vida vienen en paquete: lo positivo y lo negativo son inseparables. Esperar una cosa sin la otra garantiza decepción.

Las personas anhelan lo que otros logran: fama, éxito, fortuna. Pero rara vez consideran las contrapartidas. Los famosos son adorados por multitudes, pero deben disfrazarse para evitar fans y paparazzi cada vez que salen. Epicteto ilustró esto con el atleta olímpico:

"¿Quieres ganar en las Olimpiadas? Yo también, ¿y quién no? Es un logro glorioso; pero reflexiona sobre lo que conlleva. Hay que someterse a una disciplina, mantener una dieta estricta, abstenerse de alimentos ricos, hacer ejercicio bajo coacción a horas fijas en climas cálidos y fríos, abstenerse de beber agua o vino siempre que se quiera; en resumen, hay que entregarse al entrenador como si fuera el médico."

Sin considerar estos costos, acabamos "como un mono que imita todo lo que ve, encaprichado con una cosa tras otra."

Lo contrario también es cierto. Ciertas situaciones son deseables a pesar de sus desventajas. El estoicismo aboga por un análisis completo y holístico. Muchas cosas merecen la pena a pesar de sus riesgos. El objetivo es evitar que estos riesgos nos sorprendan. Séneca usa la navegación para ilustrarlo:

"Si alguien dice que la mejor vida de todas es navegar por el mar, y luego añade que no debo navegar por un mar en el que son frecuentes los naufragios y a menudo hay tormentas repentinas que arrastran al timonel en dirección adversa, concluyo que ese hombre, aunque alabe la navegación, en realidad me prohíbe botar mi nave."

La misma lógica aplica a algo tan simple como comprar lechugas. Epicteto observa: "Si alguien paga un óbolo y se queda con la lechuga, mientras que tú no pagarás tanto y, por tanto, te quedarás sin ella, no te imagines que eres necesariamente el peor parado. Como él tiene la lechuga, tú sigues teniendo el dinero."

Las relaciones humanas siguen esta misma dinámica. Construir vínculos requiere tiempo y esfuerzo. No puedes esperar los beneficios de una relación establecida sin trabajar para conseguirla. Esto aplica incluso a acciones deshonrosas como la adulación: quien se niega a elogiar a alguien no puede esperar la misma compensación que un adulador. Sería injusto y codicioso negarse a pagar el precio de estos privilegios y esperar obtenerlos gratis.

Séneca aconseja recordar esta lección al compararnos con otros. No debemos centrarnos solo en quienes nos aventajan sin recordar a quienes están detrás: "¿Hay muchos que te superan? Piensa cuántos más hay detrás que delante de ti. ¿Me preguntas cuál es tu mayor defecto? Tu contabilidad está mal. Lo que has pagado, lo valoras mucho; lo que has recibido, poco."

No compares lo positivo de una opción con lo negativo de otra. Los pros y los contras van juntos. Fiódor Dostoievski lo capturó perfectamente: "El hombre es aficionado a contar sus problemas, pero no suele serlo de contar sus alegrías."

La Vara de Hermes

Kêrúkeion: Símbolo de Hermes que representa la elocuencia y la razón.

Hermes, el mensajero divino de la mitología griega, transitaba libremente entre el reino de los dioses y el de los mortales. Sus sandalias aladas, forjadas por Hefesto con oro indestructible, le otorgaban velocidad sobrehumana. Pero su atributo más destacado era el caduceo: un bastón corto con dos serpientes entrelazadas y alas doradas que podía adormecer o despertar mortales, unir seres divididos por el odio, sanar enfermedades y transformar en oro todo lo que tocara.

Este último poder fascinaba a Epicteto, quien lo usó para ilustrar una lección fundamental: la capacidad de convertir cualquier cosa en algo positivo. En sus Discursos escribió: "Tengo un mal vecino, es decir, malo para sí mismo. Para mí, sin embargo, es bueno: ejercita mis facultades de equidad y sociabilidad. La Vara de Hermes promete que 'todo lo que toques se convertirá en oro'. Por mi parte, puedo decir: trae el desafío que quieras y yo lo convertiré en algo bueno: trae la enfermedad, la muerte, la pobreza, la calumnia, una sentencia de muerte: todo será convertido en ventaja por mi Varita de Hermes."

En lugar de ver al mal vecino como fuente de angustia, Epicteto lo considera una forma de ejercitar la equidad y la sociabilidad. Desvía la atención de la adversidad hacia una consecuencia positiva. La Vara de Hermes es una técnica mental: elegir deliberadamente ver la adversidad como algo positivo, enfatizando los aspectos beneficiosos que pueden extraerse de ella.

Epicteto proporcionó otro ejemplo con el boxeo: "Un boxeador obtiene la mayor ventaja de su sparring, y mi acusador es mi sparring. Me entrena en la paciencia, el civismo e incluso el temperamento."

Séneca transmitió la misma idea usando a Fidias, cuya estatua de Zeus fue una de las Siete Maravillas: "Fidias no sólo sabía hacer estatuas de marfil, sino también de bronce. Si le hubieras dado mármol, u otro material aún menor, habría esculpido la mejor estatua que se pudiera hacer con él. Así, el hombre sabio desplegará la virtud en medio de la riqueza si es posible, pero si no, en la pobreza; en casa si puede, pero si no, en el exilio; como general si puede, pero si no, como soldado."

Dominar la Vara de Hermes requiere práctica, pero una vez ejercitada, transforma por completo nuestra relación con la adversidad. Las dificultades se vuelven llevaderas y los eventos difíciles se convierten en oportunidades. Plutarco lo expresa: "Con la ayuda de la filosofía no vivirás desagradablemente, porque aprenderás a extraer placer de todos los lugares y cosas. La riqueza te hará feliz, porque te permitirá beneficiar a muchos; y la pobreza, porque entonces tendrás pocas cosas por las que preocuparte."

Los momentos difíciles nos brindan la ocasión de ser útiles a quienes también están siendo afectados. Podemos transformar una situación complicada en una oportunidad para ejercer compasión mientras otros se ven consumidos por emociones intensas. Séneca vio la oportunidad incluso en el desastre: "El desastre es la oportunidad de la virtud."

La Vara de Hermes también puede motivarnos. Un revés puede transformarse en combustible para seguir adelante. Séneca cita a Demetrio el Cínico: "Una vida sin sobresaltos, en la que la fortuna no hace incursiones, él la llama 'un mar muerto'. No tener nada que te conmueva y te incite a la acción, ningún ataque con el que poner a prueba la fuerza de tu espíritu, simplemente yacer en una ociosidad inquebrantable, esto no es estar tranquilo; es estar varado en una calma sin viento."

La resiliencia se construye superando adversidad. Una vida mimada conduce a la debilidad mental. Séneca advierte: "El hombre que siempre ha tenido las ventanas acristaladas para protegerse de las corrientes de aire, cuyos pies se han mantenido calientes con aplicaciones tibias renovadas de vez en cuando, ese hombre correrá un gran riesgo si le roza una suave brisa."

El uso más profundo de la Vara de Hermes es transformar la adversidad en autodescubrimiento. Las dificultades nos llevan al límite y nos permiten aprender de qué somos capaces. Zenón afirmaba que "nada es más hostil a un firme dominio del conocimiento que el autoengaño." Séneca observa que ser siempre feliz es desconocer una mitad de la naturaleza. El talento se demuestra en condiciones difíciles: "Se aprende a conocer a un piloto en una tormenta y a un soldado en la línea de batalla."

Esto lleva a uno de los pasajes más destacados del estoicismo. Séneca compadece a quien nunca experimenta desgracias, pues nunca tiene oportunidad de conocerse verdaderamente:

"Eres un gran hombre; pero ¿cómo saberlo si la fortuna no te da la oportunidad de demostrar tu valía? Has entrado en los Juegos Olímpicos, pero eres el único concursante; ganas la corona, no la victoria. Te juzgo desafortunado porque nunca has vivido la desgracia. Has pasado por la vida sin oponente; nadie puede saber de lo que eres capaz, ni siquiera tú."

Un viejo dicho marítimo lo capta bien: no podemos controlar el viento, pero podemos ajustar las velas. La Vara de Hermes convierte cada obstáculo en oportunidad.

Vamos De Paso: Todo En La Vida Es Prestado

Memento Mori: Recordar la mortalidad para valorar el presente y actuar bien.

Kublai Khan gobernó el mayor imperio contiguo en la historia humana. A los nueve años, su abuelo Gengis Kan ya había vislumbrado su potencial: "Las palabras de este niño, Kublai, están llenas de sabiduría; prestad todos atención". Como Gran Khan desde 1260, su imperio se extendía desde la costa pacífica de China hasta los territorios que hoy son Polonia, Eslovaquia y Hungría. En su apogeo, abarcaba el 16% de la superficie terrestre y el 25% de la población mundial. Conquistó y unificó China tras cuatro siglos de división.

Marco Polo, al encontrarse con Kublai durante sus viajes, quedó tan impresionado que al regresar a Venecia lo apodaron "Milione" porque repetía constantemente que la riqueza del Khan debía medirse en millones.

Pero incluso Kublai Khan estaba sujeto a los reveses de la fortuna. En 1274, invirtió enormes recursos en una flota de más de mil barcos para conquistar Japón. Cuando la flota mongola estaba lista para invadir Kyushu, una tormenta repentina arrojó los barcos contra las formaciones rocosas, destruyéndolos. Años después, intentó otra invasión con una flota cuatro veces mayor. Nuevamente llegaron a la costa japonesa. Y otra vez un tifón inesperado devastó la flota, provocando enormes bajas.

Estos fracasos dieron origen a los mitos japoneses sobre los *kamikaze* —viento divino— que protegieron la isla. La armada mongola nunca se reconstruyó. El mito de la invencibilidad mongola se disipó. Kublai pasó el resto de su vida aturdido por estos acontecimientos.

Nadie es inmune a los caprichos del destino. Epicteto describió un truco mental para prepararnos para esta incertidumbre: "Bajo ninguna circunstancia digas nunca 'he perdido algo', sólo 'lo he devuelto'. ¿Se te ha muerto un hijo? No, lo devolviste. ¿Murió tu mujer? No, fue devuelta. 'Mi tierra fue confiscada'. No, también fue devuelta. ¿Por qué preocuparte por los medios por los cuales quien da originalmente efectúa su devolución? Mientras te la confíe, considérala como algo tuyo para disfrutarla sólo por un tiempo, como un viajero considera un hotel."

El estoicismo enseña que no debemos ver nuestras posesiones como cosas que nos pertenecen, sino como préstamos de la naturaleza. Esta enseñanza deriva de la Dicotomía del Control: nuestras posesiones no las controlamos y podrían sernos arrebatadas en cualquier momento. Por tanto, es prudente verlas como préstamos temporales que pueden ser reclamados en cualquier instante.

Séneca, quien experimentó los caprichos del destino —fue senador, luego exiliado ocho años por un crimen que no cometió, después consejero de Nerón y finalmente condenado a suicidarse—, escribió durante su exilio a Marcia, que lloraba la muerte de su hijo: "Las propiedades que adornan el escenario de la vida han sido prestadas y deben volver a sus dueños; algunas de ellas serán devueltas el primer día, otras el segundo, sólo unas pocas perdurarán hasta el final. No tenemos razón alguna para envanecernos como si estuviéramos rodeados de las cosas que nos pertenecen; las hemos recibido meramente en préstamo."

Dadas sus experiencias, Séneca valoraba enormemente esta lección sobre la volubilidad del destino. Ver las cosas como prestadas nos libera del miedo al futuro incierto: "El hombre sabio no tiene que caminar tímida y cautelosamente; porque tan grande es su confianza en sí mismo que no duda en ir contra la Fortuna, y nunca retrocederá ante ella. No tiene por qué temerla, pues no sólo cuenta entre las cosas que se dan a la ventura sus bienes muebles, sus posesiones y su posición, sino también su cuerpo, sus ojos, su mano y todo lo que hace que la vida sea muy querida, y vive como quien se ha prestado a sí mismo y lo devolverá todo sin pena cuando lo recupere."

La visión de nuestras posesiones como préstamos crea desapego hacia ellas. Este desapego es clave para aceptar las pérdidas cuando ocurren. La "aceptación estoica" representa la capacidad mental de dejar ir las cosas manteniendo la tranquilidad de espíritu. Ciertas pérdidas son inevitables; luchar contra ellas es inútil. "Cuando se le pida a una persona sabia que renuncie a ellas", escribió Séneca, "no discutirá con la Fortuna, sino que dirá: 'Doy gracias por lo que he poseído y tenido. He administrado tus bienes con gran provecho, pero, ya que me lo ordenas, renuncio a ellos, los entrego agradecido y contento'."

Cuando las posesiones de Séneca fueron confiscadas durante su exilio, mostró asombrosa indiferencia. En una carta a su madre, atribuye su positivo estado de ánimo a entender que la fortuna simplemente le pedía la devolución de lo prestado: "He aceptado todos los dones de riqueza, altos cargos e influencia, que ella tan generosamente me ha concedido, de tal manera que puede recuperarlos de nuevo sin molestarme. He mantenido una gran distancia entre ellos y yo: y por eso ella los ha tomado, no me los ha arrancado dolorosamente."

El destino es imprevisible. Nunca sabemos cuándo nos arrebatará algo. Pero cuando lo hace, debemos recordar que fue el destino quien nos lo dio. Y nos lo dio en préstamo.

La suerte nunca da; sólo presta.

La Ira: Domando La Bestia Interior

Orgê: Ira o pasión irracional a evitar mediante el autocontrol.

Ciro el Grande, en su campaña para invadir Babilonia en el 539 a.C., llegó a las orillas del río Diyala. Uno de los caballos que tiraba de su carro fue arrastrado por la corriente y se ahogó. Ciro, enfurecido, maldijo al río y juró debilitarlo tanto que hasta las mujeres podrían cruzarlo sin mojarse las rodillas. Ordenó a su ejército excavar una extensa red de canales para dispersar el agua. El proyecto les llevó todo el verano, dificultando enormemente el asedio de Babilonia.

Séneca consideraba la ira la más peligrosa de todas las emociones, capaz de hacer que un líder brillante como Ciro desperdiciara recursos en una venganza contra un río. "Algunos sabios han dicho que la ira es una breve locura: porque no es menos carente de autocontrol, olvidadiza de la decencia, despreocupada de los lazos personales, implacablemente atenta a su objetivo, apartada de la deliberación racional, agitada sin razón sustancial, inadecuada para discernir lo que es justo y verdadero."

La ira puede llevar a atacar a los seres más queridos: "Los furiosos maldicen a sus hijos con la muerte, a sí mismos con la pobreza, a sus hogares con la ruina, y niegan estar furiosos igual que los locos niegan estar locos. Son enemigos de sus amigos más íntimos."

Marco Aurelio observó que el trastorno de la ira supera su causa: "Cuánto más daño hacen la ira y la pena que las cosas que las causan."

¿Cómo evitar este sufrimiento autoinfligido? Séneca estableció dos objetivos: no caer en la ira y, si nos invade, no hacer el mal mientras estamos enfadados. La ira inicial es un impulso natural, pero actuar requiere deliberación adicional. Séneca describió la secuencia: tener la impresión de que nos han hecho un mal, desear venganza, y combinar ambos en el juicio de que uno no debería haber sido dañado y debería ser vengado. Esta progresión puede interrumpirse.

Una técnica es juzgar la situación con imparcialidad, como un árbitro justo. "Cualquiera que recuerde cuántas veces se ha sospechado falsamente de él, cuántas de sus propias acciones apropiadas la mala suerte ha hecho que parecieran equivocaciones, cuántas personas llegaron a caerle bien después de odiarlas, podrá evitar enfadarse al instante."

Este ejercicio destaca nuestra hipocresía cuando nos enfadamos por acciones que nosotros mismos cometemos. "Supón que te dicen que alguien ha hablado mal de ti. Considera si tú lo hiciste primero; considera de cuántos hablas mal. Reflexionemos que algunos no nos están haciendo un mal, sino que nos lo están devolviendo. Nadie se dice a sí mismo: 'Esto que me enfada, o lo he hecho yo, o podría haberlo hecho'."

La clemencia —la moderación de la mente cuando tiene el poder de vengarse— es una actitud noble que debemos cultivar. "Es la marca de un gran espíritu considerar los agravios como despreciables. El hombre grande y notable es aquel que, como una gran bestia, escucha sin preocupación los ladridos de los perros pequeños."

La clemencia evita conflictos y establece bases para relaciones futuras positivas. "Piensa cómo una reputación de clemencia nos hará subir en la estimación de los demás, y a cuántas personas el perdón convierte en amigos útiles." Por el contrario, dejar que la ira tome el control puede dar satisfacción momentánea, pero se volverá contra nosotros. "Ser temido es temer: nadie ha sido capaz de infundir terror en los demás y, al mismo tiempo, gozar él mismo de tranquilidad."

Cuando una discusión se alarga, debemos detenerla en las primeras fases. "Es más fácil abstenerse de un conflicto que salir de él." Recuerda que un conflicto requiere dos partes. "Supongamos que alguien se enfada contigo. Tú, por el contrario, deberías retarle a que te iguale en amabilidad. El conflicto cede inmediatamente cuando una de las partes lo abandona: no puede haber lucha sin pareja."

Muchas personas exageran sus preocupaciones, empeorando las situaciones innecesariamente. "Muchas personas fabrican sus propios motivos de queja mediante falsas sospechas y exagerando cosas que son triviales. La ira a menudo viene a nosotros, pero más a menudo vamos a ella." Algunos actúan como si la intensidad de su ira demostrara su legitimidad. Si no decatastrofizamos, la ira puede durar mucho más que su causa: "Pasamos más tiempo enfadados que heridos."

¿Puede la ira usarse como motivación si se canaliza bien? Séneca rechazaba esta idea. La ira no puede controlarse lo suficientemente para evitar sus efectos negativos. "Ciertas cosas están bajo nuestro control al principio, mientras que las etapas posteriores nos arrastran con una fuerza propia y no nos dejan vuelta atrás. Las personas que han saltado por un acantilado no pueden frenar el descenso de sus cuerpos en caída libre."

Musonio Rufo confirmaba que no se puede razonar con alguien consumido por la ira: "De poco o nada sirven los consejos y las advertencias que se administran cuando las emociones de una persona están en su punto álgido."

Si la ira nos consume, Séneca tenía una sugerencia simple: "El mejor remedio para la ira es la demora." Cuando estamos enfadados, debemos abstenernos de hacer nada hasta que se calme. Pitágoras había llegado a la misma conclusión quinientos años antes: "Cuando nos enfadamos, debemos abstenernos tanto de hablar como de actuar."

"No tenemos poco tiempo, sino que perdemos mucho. La vida es suficientemente larga y se nos ha dado en abundancia para la realización de las más grandes empresas, si toda ella la invertimos bien. Pero cuando se escapa en el lujo y la negligencia, cuando se dedica a ningún buen propósito, al final, bajo la presión de la fatalidad última, nos damos cuenta de que se ha marchado antes de que nos diéramos cuenta de que se iba. Así es: no recibimos una vida corta, sino que la hacemos corta, y no estamos mal provistos sino que somos derrochadores de ella."

- *Séneca (Sobre la Brevedad de la Vida, 1.3-4)*

Parte IV – Sobre El Propósito De La Vida

La Felicidad Como Subproducto De Una Vida Con Propósito

Eudaimonia: Plenitud mediante una vida acorde a la virtud.

El reconocimiento no debe buscarse. Nuestro objetivo debe ser actuar con virtud, de un modo digno de elogio según una persona sabia. El reconocimiento es solo una posible consecuencia colateral. Marco Aurelio, desde su posición como emperador pero también como filósofo, lo expresó en sus Meditaciones: "Las cosas bellas son bellas en sí mismas y se bastan a sí mismas. El elogio es ajeno. ¿Hay algo genuinamente bello que necesite algún suplemento? ¿Acaso una esmeralda se estropea si nadie la admira?"

Esta creencia impregna la literatura estoica. Epicteto, el antiguo esclavo convertido en maestro, enseñaba: "Las ovejas no llevan hierba a sus dueños para mostrar cuánto han comido, sino que la digieren y producen leche y lana. No hagas alarde de tu aprendizaje filosófico, muéstralo con tus acciones." Séneca, quien conoció tanto el exilio como el poder, se centraba en cómo la recompensa de un acto virtuoso es el propio acto: "La ganancia de hacer algo con valor o gratitud es haberlo hecho; no se promete nada más. La recompensa de las acciones honorables está en las acciones mismas."

Ayudar a otros es un objetivo estoico por excelencia. Somos animales sociales, programados para sentir satisfacción al ayudar. Algunos olvidan esto y creen que un acto caritativo debe ser recompensado con elogios. El estoicismo enseña que la benevolencia es gratificante en sí misma. Marco Aurelio reflexiona: "¿Qué esperabas por ayudar a alguien? Como si tus ojos esperasen recompensa por ver, o tus pies por caminar. Para eso fueron hechos. Los humanos fueron hechos para ayudar a otros. Y cuando lo hacemos, cumplimos nuestra función."

También observó cómo los humanos se comportan diferente a animales y cosas de la naturaleza: "Algunos, cuando hacen un favor, buscan la oportunidad de reclamarlo. Otros no, pero siguen conscientes de ello, considerándolo una deuda. Pero otros ni siquiera lo hacen. Son como una vid que produce uvas sin esperar nada a cambio. Un caballo al final de la carrera. Un perro cuando termina la caza. Una abeja con su miel almacenada."

El emperador filósofo aconseja hacer lo correcto sin importar si se reconoce el mérito: "Ponte en movimiento —si lo llevas dentro— y no te preocupes de si alguien te dará crédito. No esperes la República de Platón; confórmate con el más mínimo progreso y no le des importancia al resultado."

La literatura estoica advierte sobre buscar el reconocimiento de personas con valores distintos. Para ganar su admiración, habría que cambiar nuestros valores para que coincidan con los suyos. Epicteto cuestiona: "¿Quiénes son esas personas cuya admiración buscas? ¿No son aquellas a las que acostumbras calificar de locas? Entonces, ¿quieres que te admiren los locos?" Séneca, desde su experiencia en la corte imperial, reflexiona: "¡Qué tonto debe ser uno para salir complacido por el aplauso de los ignorantes!"

John Stuart Mill desarrolló una filosofía única que fusionaba ideas de la Ilustración con nuevas corrientes. En su ensayo Sobre la libertad, escribió sobre Marco Aurelio: "Si alguien, poseedor del poder, tuvo motivos para creerse el mejor e ilustrado entre sus contemporáneos, ése fue Marco Aurelio. Sus escritos fueron el producto ético más elevado de la mente antigua."

Mill luchó durante años con una depresión que le impedía escribir. Estos tiempos oscuros lo llevaron a una revelación contraintuitiva: el secreto para hallar la felicidad es no buscarla directamente. La felicidad solo puede alcanzarse indirectamente, como subproducto de actuar con virtud:

"Sólo son felices quienes tienen la mente fija en algún objeto distinto de su propia felicidad; en la felicidad de los demás, en la mejora de la humanidad, incluso en algún arte o afición, seguido no como medio, sino como fin ideal en sí mismo. Apuntando así a otra cosa, encuentran la felicidad por el camino."

Esta idea encuentra un paralelo en Séneca. En Sobre la vida feliz, afirma: "Como en un campo arado para el maíz, algunas flores brotarán aquí y allá, pero no fue por estas plantitas que se gastó tanto trabajo —el sembrador tenía un propósito diferente, éstas fueron añadidas—, así la felicidad no es ni la causa ni la recompensa de la virtud, sino su subproducto."

Séneca defendía que la felicidad solo se alcanza indirectamente. La única manera de alcanzar la felicidad duradera es tener un buen carácter, actuar virtuosamente y disfrutar de la felicidad como consecuencia colateral: "Un buen carácter es la única garantía de una felicidad eterna y sin preocupaciones. Aunque surja algún obstáculo, su aparición sólo es comparable a la de las nubes que se mueven delante del sol sin apagar nunca su luz."

Viktor Frankl, superviviente del Holocausto, respalda estas ideas en El hombre en busca de sentido: "No aspires al éxito. Cuanto más lo apuntes y lo conviertas en un objetivo, más vas a fallar. Porque el éxito, al igual que la felicidad, no puede perseguirse; debe sobrevenir, y sólo lo hace como efecto secundario involuntario de la dedicación personal a una causa mayor que uno mismo."

Un estudio de 2011 en la revista Emotion concluyó que las personas centradas en buscar la felicidad acababan siendo menos felices. Los investigadores sugirieron que "puede ser ventajoso animar a la gente a seguir la sugerencia de John Stuart Mill de no tener la mente fija en su felicidad personal".

La felicidad estoica se basa en el concepto de eudaimonia: bienestar, satisfacción vital, vivir una buena vida. Esta definición requiere una experiencia más profunda que una emoción rápida. El estoicismo enseña que sentimos un fuerte vínculo con otros seres humanos debido a la sympatheia, y ésta puede ser la clave para encontrar la verdadera felicidad. Séneca afirma: "La verdadera felicidad reside en conceder bienestar a muchos."

Mill llegó a la misma conclusión: "El placer de la simpatía con los seres humanos y los sentimientos que hacían del bien de los demás el objeto de la existencia, eran las mayores y más seguras fuentes de felicidad."

Séneca describió cómo la felicidad puede ser subproducto de una experiencia gravosa: "Nuestra idea de la felicidad es conferir beneficios aunque impliquen esfuerzo, siempre que reduzcan los esfuerzos de otros; aunque impliquen peligro, siempre que rescaten a otros del peligro."

Los que tienen la sabiduría de actuar con virtud alcanzan la eudaimonia. Séneca escribe: "He aquí el resultado de la sabiduría: una alegría constante e invariable. Esta alegría sólo se produce por la conciencia de las virtudes."

Mill concluye en su Autobiografía: "Pregúntate si eres feliz, y dejarás de serlo. La única posibilidad es tratar, no la felicidad, sino algún fin externo a ella, como el propósito de la vida."

El Alma Se Nutre Con Reflexión Y Estudio

Scholê: Ocio dedicado al estudio y la contemplación filosófica.

¿Qué valor tiene realmente la filosofía? La respuesta variará según a quién le preguntes. Para aquellos que no están acostumbrados a vivir una vida reflexiva, la filosofía puede parecer innecesaria. Pero algo sucede cuando alguien comienza a aprender sobre el estoicismo. Se percata de cuánto valor puede aportar a la vida, de cuánto sufrimiento puede evitar. Brinda una serenidad mental que sería difícil obtener de otra manera. Mejora la existencia.

Para quienes han permitido que la filosofía influya en sus vidas, su valor es inconmensurable. Nadie ha expresado este sentimiento mejor que Sócrates. En un juicio por corromper a los jóvenes atenienses con sus innovadoras ideas, Sócrates argumentó que nunca dejaría de hablar de filosofía, ya que era el camino hacia la virtud. Entonces pronunció una de las citas más memorables en la historia del pensamiento occidental: "La vida no examinada no merece ser vivida."

La filosofía transforma la vida de quienes la practican. Para Sócrates, vivir sin ella era inaceptable. Debemos valorarla y priorizarla en función de los beneficios que obtengamos de ella. La filosofía no debería ser algo que hacemos en nuestro tiempo libre, cuando tenemos un descanso de nuestras otras tareas diarias. Tenemos que dedicarle tiempo. Debe ser la prioridad principal; todo lo demás debe planificarse en torno a ella.

Séneca, exiliado en Córcega mientras escribía muchas de sus obras más profundas, usó una anécdota sobre Alejandro Magno para ilustrar este punto: "Cuando algún estado ofreció a Alejandro una parte de su territorio y la mitad de sus propiedades, les dijo que 'no había venido a Asia con la intención de aceptar lo que quisieran darle, sino de dejar que se quedaran con lo que él decidiera dejarles'. La filosofía, del mismo modo, dice a todas las demás ocupaciones: 'No es mi intención aceptar lo que el tiempo os deje; tendréis, en cambio, lo que yo rechace'."

Vivir una vida que priorice la filosofía tendrá sus desafíos. Requerirá una lectura constante, demandará estudiar y poner en práctica lo aprendido. Pero, dado el calibre de la recompensa, ¿no vale la pena el esfuerzo? Séneca nos anima preguntando: "¿No haremos acopio de nuestra resistencia cuando nos aguarda un premio tan grande, la tranquilidad imperturbable de una mente alegre?"

La vida puede ser desconcertante. Nunca sabemos qué nos depara el futuro. Las cosas son de una manera hoy y completamente diferentes mañana. Para complicar aún más la situación, no hay una guía sencilla para vivir bien. Séneca escribió sobre cómo el viaje de la vida es singularmente desafiante: "Las condiciones de este viaje son diferentes de las de la mayoría de los viajes. En la mayoría de los viajes, algún camino bien conocido y las averiguaciones hechas a los habitantes de la región evitan que te extravíes; pero en éste, todos los caminos mejor trillados y más frecuentados son los más engañosos."

El estoicismo nos brinda consejos invaluables para navegar por este complejo panorama. Sin él, podemos sentirnos perdidos, a merced de los vaivenes del destino y de los caprichos de nuestros impulsos evolutivos. Séneca observó: "Si un hombre no sabe a qué puerto navega, ningún viento le es favorable." Y en otra ocasión: "Cuando una persona sigue una pista, hay un final eventual en alguna parte, pero con el vagabundeo a la deriva no hay límite."

Fama, éxito, fortuna, estatus. Estas son las cosas que la mayoría de la gente persigue. Pero quienes las alcanzan se dan cuenta rápidamente de que no conducen necesariamente a una buena vida. La verdadera felicidad sólo puede lograrse a través de la sabiduría. Una vida filosófica es el camino hacia la eudaimonia.

Marco Aurelio, quien gobernó el imperio más poderoso del mundo mientras mantenía su práctica filosófica, señaló la diferencia en calidad de vida entre los filósofos y los grandes conquistadores de la antigüedad: "Alejandro, César y Pompeyo. ¿En comparación con Diógenes, Heráclito, Sócrates? Los filósofos sabían el qué, el por qué, el cómo. Sus mentes eran suyas. ¿Las otras? Nada más que ansiedad y esclavitud."

La sabiduría del estoicismo ha resistido la prueba del tiempo. Tenemos la fortuna de contar con los pensamientos de las grandes mentes del pasado para ayudarnos a mejorar nuestras vidas hoy en día. Séneca escribió: "Los honores, las estatuas y todos los demás poderosos monumentos a la ambición del hombre tallados en piedra se desmoronarán, pero la sabiduría del pasado es indestructible. La edad no puede marchitar ni destruir el conocimiento que sirve a todas las generaciones."

Jamás Dejar De Aprender

Philosophia: Amor a la sabiduría. Búsqueda vital de la verdad y la virtud.

Gottfried Wilhelm Leibniz mencionó en uno de sus ensayos a una "secta de los nuevos estoicos" cuyas ideas habían ganado influencia durante la Ilustración. Su líder, según Leibniz, era Baruch Spinoza, uno de los filósofos más trascendentes de los últimos cinco siglos.

Spinoza, nacido en 1632 en Ámsterdam en una familia judía portuguesa que huía de la persecución religiosa, fue excomulgado por su crítica bíblica considerada "abominable herejía". Vivió como académico solitario, rechazando incluso enseñar en Heidelberg alegando: "no sé cómo enseñar filosofía sin perturbar la paz". Se ganaba la vida fabricando lentes ópticos, incluidos los que usó Huygens para descubrir los anillos de Saturno.

Aunque no se identificaba como estoico, su filosofía bebía profundamente del estoicismo. Fundamentaba su ética en que las emociones dependen de los juicios humanos e incluso desarrolló su propia versión de la *premeditatio malorum*. Pero lo más notable es que encarnaba un ideal estoico esencial: la sabiduría tiene valor intrínseco y el acto de aprender es virtuoso en sí mismo.

La persecución no impidió a Spinoza continuar aprendiendo. En uno de sus pocos ensayos publicados en vida escribió: "Después de que la experiencia me enseñara que todo el entorno habitual de la vida social es vano e inútil, resolví investigar si podría haber algo cuyo descubrimiento me permitiera disfrutar de una felicidad continua, suprema e interminable".

Su obra cumbre, Ética, se publicó póstumamente. No buscaba fama ni riqueza. El hombre que influyó en todos los filósofos occidentales posteriores se contentaba con superarse a sí mismo. El aprendizaje conduce a la sabiduría, y la sabiduría es la senda hacia el bienestar mental.

Algunos creen erróneamente que el conocimiento debe ostentarse o traducirse en acciones observables. El estoicismo enseña que el valor de la sabiduría radica en la superación personal. Séneca lo expresa: "¿En beneficio de quién lo aprendí todo? Si lo aprendiste en tu propio beneficio, no tienes por qué temer que tu esfuerzo haya sido en vano".

Esta noción trasciende el aprendizaje académico. Realizar bien una tarea, lo mejor posible, también es superación personal. Séneca relata de un artista cuya obra apenas tenía audiencia. Cuando le preguntaron por qué se esforzaba tanto por algo que pocos verían, respondió: "Unos pocos me bastan; también uno; también ninguno".

Séneca desarrolló esta idea con Fidias, el escultor de la Estatua de Zeus en Olimpia. Distingue tres recompensas en su trabajo: "Una proviene de su conciencia, y la obtuvo cuando terminó la obra; otra proviene de su reputación; la tercera viene en forma de recompensa práctica. Aunque Fidias no haya vendido su obra, la ha completado". La satisfacción del trabajo bien hecho existe independientemente del reconocimiento externo.

Buscar sabiduría para mejorar puede sonar egoísta, pero Séneca abordó esto recordando los conceptos de cosmopolitismo y sympatheia: todos estamos interconectados. La persona que procura superarse beneficia a quienes la rodean al convertirse en un activo más valioso para la sociedad: "Quien se gana la aprobación de sí mismo beneficia a los demás por el mero hecho de que prepara lo que les resultará beneficioso".

No todos tienen oportunidad de emplear directamente su sabiduría para beneficiar a otros, pero esto no significa que no contribuyan. La superación personal es responsabilidad social. Séneca afirma: "El hombre debe beneficiar a sus semejantes: a muchos, si puede; si no, a unos pocos; si no a unos pocos, a los más cercanos; si no a éstos, a sí mismo. Porque cuando se hace útil a los demás, participa en los asuntos públicos".

Epicteto concordaba: no es necesario ser benefactor acaudalado para marcar la diferencia. Pregunta retóricamente: "¿No beneficiaría a su comunidad añadiendo otro ciudadano legal y leal a sus listas?" Cada uno cumple su papel: el herrero no da zapatos ni el zapatero armas. Basta con que cada uno desempeñe bien su función.

La Excelencia Como Hábito

Hexis: Disposición estable del carácter, hábito o modo de ser.

Es prácticamente imposible escribir un libro sobre filosofía griega sin mencionar a Aristóteles. Pocas personas han ejercido una influencia tan profunda en el pensamiento occidental. Sus enseñanzas abarcaron desde la filosofía hasta la física, pasando por el teatro. Su importancia para la teología cristiana fue tal que Tomás de Aquino se refirió a él simplemente como "El Filósofo".

Zenón de Citio fundó la escuela estoica unos veinte años después de la muerte de Aristóteles. Aunque había diferencias entre el estoicismo y la escuela peripatética de Aristóteles, compartían similitudes sorprendentes. Incluso en el origen de sus nombres: el estoicismo debe el suyo a la Stoa Poikile, el pórtico donde Zenón enseñaba; peripatética procede de peripatoi, las pasarelas del Liceo donde Aristóteles instruía.

Ambas escuelas coincidían en premisas fundamentales. La sabiduría debía ser camino hacia la eudaimonia. Pero donde las similitudes resultan especialmente llamativas es en su visión sobre el proceso para alcanzar la sabiduría. Mientras algunas filosofías contemporáneas sostenían que la sabiduría era innata, estoicos y peripatéticos creían en la mejora continua.

En la Ética a Nicómaco, Aristóteles subraya la importancia de la repetición: "La actividad debe ocupar toda una vida, porque una golondrina no hace la primavera, ni un buen día; y del mismo modo, un día o un breve periodo de felicidad no hacen al hombre supremamente dichoso". También afirma: "Las virtudes se adquieren ejercitándolas primero. Las cosas que tenemos que aprender antes de poder hacerlas, las aprendemos haciéndolas. Nos convertimos en justos haciendo actos justos, en templados haciendo actos templados, en valientes haciendo actos valientes".

Will Durant parafraseó la esencia del pensamiento aristotélico: "Somos lo que hacemos repetidamente. La excelencia, por tanto, no es un acto, sino un hábito".

El estoicismo coincide plenamente en la importancia de la repetición. La literatura estoica rebosa de pasajes sobre cómo aprender filosofía requiere tiempo, esfuerzo, disciplina y múltiples iteraciones. No se puede esperar convertirse en maestro estoico de la noche a la mañana.

Musonio Rufo, maestro de Epicteto, hablaba en términos similares a Aristóteles: "Una persona que no ha estudiado letras, música o deportes no dice que los conoce. Entonces, ¿por qué todos declaramos que tenemos virtud? Un ser humano no tiene derecho por naturaleza a ninguna de esas habilidades". Y añadía sobre la filosofía: "La persona que pretende estudiar filosofía debe practicarla con más diligencia que quien aspira al arte de la medicina, en la medida en que la filosofía es más importante y más difícil de comprender. Las personas que intentan estudiar filosofía ya han estado en medio de mucha corrupción y están llenas de maldad, persiguen la virtud en tal condición que necesitan aún más práctica".

Séneca animaba a los nuevos estoicos a seguir estudiando hasta que las lecciones se asimilen completamente: "Aférrate a ella y asiéntala con firmeza, para que lo que ahora es un entusiasmo se convierta en una firme disposición espiritual".

El proceso de aprendizaje del estoicismo no es una línea ascendente suave. Está lleno de picos y valles, éxitos y fracasos. Muchos se desmotivan al descubrir lo difícil que es seguir las enseñanzas estoicas. Pero así es para todos. La filosofía es dura.

Marco Aurelio, el emperador filósofo, se recordaba a sí mismo que no debía rendirse: "A no sentirse exasperado, ni derrotado, ni abatido porque tus días no estén repletos de acciones sabias. Sino a volver a levantarte cuando fracases, a celebrar que te comportas como un ser humano -aunque sea imperfectamente- y a abrazar plenamente la empresa en la que te has embarcado". También proponía: "No puedes pretender haber vivido tu vida como un filósofo. Tú mismo puedes ver lo lejos que estás de la filosofía. Ahora olvídate de lo que piensen de ti. Confórmate con poder vivir el resto de tu vida, por corta que sea, como te exige tu naturaleza".

Séneca observó que el estoicismo no es igual para todos. Algunas personas tienen personalidades que se inclinan naturalmente a actuar estoicamente. Estas son las más afortunadas, pero no las que merecen más elogios. Los verdaderamente admirables son quienes luchan contra sus propias predisposiciones: "El más merecedor es aquel que ha superado los defectos de su propia naturaleza, no sólo abriéndose camino hacia la sabiduría, sino realmente arrastrándose hasta allí".

¿Cuándo se alcanza la perfección estoica? Nunca. El Sabio estoico, que siempre actúa con virtud y vive en completa eudaimonía, es sólo un arquetipo idealizado. Los filósofos estoicos más destacados reconocen estar lejos de ser perfectos.

Séneca se comparaba con alguien en la cama de un hospital aconsejando a otros pacientes: "No soy tan desvergonzado como para comprometerme a curar a otros mientras yo mismo estoy enfermo. Es como si estuviéramos en la misma habitación del hospital; estoy hablando contigo de nuestra enfermedad común y compartiendo remedios. Te estoy dejando entrar en mi lugar privado, examinándome a mí mismo".

Un estoico no debe compararse con un sabio divino teórico; la verdadera comparación debe ser con nosotros mismos en el pasado. Séneca afirma: "No soy un sabio, ni nunca lo seré. No exijas de mí que sea igual a los mejores, sino que sea mejor que los malvados. Me basta con que cada día reduzca el número de mis vicios".

Epicteto reconoció que nunca sería tan gran filósofo como Sócrates. Eso no era motivo para detener su superación personal: "No seré mejor que Sócrates. Tampoco seré nunca Milo; sin embargo, no descuido mi cuerpo. Tampoco seré otro Creso; sin embargo, no descuido mis bienes. No abandonamos ninguna disciplina por desesperación de no ser los mejores en ella".

La vejez tampoco es motivo para detenerse. Hay una famosa anécdota sobre Diógenes el Cínico: "A los que decían: 'Eres un anciano; descansa', él respondía: 'Si corriera en el estadio, ¿debería aflojar el paso al acercarme a la meta? ¿No debería más bien acelerar?'"

Este proceso, aunque difícil y nunca perfecto, es extremadamente satisfactorio. Epicteto, no conocido por su personalidad burbujeante, decía que este viaje da razones para celebrar cada día: "Alégrate cuando descubras que las doctrinas que has aprendido están siendo puestas a prueba por hechos reales. Si has conseguido eliminar o reducir la tendencia a ser mezquino, desconsiderado o indiferente; si los viejos intereses ya no te atraen en la misma medida; entonces cada día puede ser un día de fiesta. Cuánto mejor motivo de celebración es éste que ser cónsul o gobernador, porque tienes que agradecértelo a ti mismo".

Hacer Más, Hablar Menos

Prolepsis: Concepto innato sobre los principios morales universales.

Era el 17 de abril de 1990 cuando Boston y Filadelfia recibieron una sorprendente noticia: tenían derecho a retirar cerca de siete millones de dólares de dos fideicomisos. Los periodistas locales indagaron el origen de los fondos y descubrieron algo inesperado: los fideicomisos se habían establecido el 17 de abril de 1790, exactamente doscientos años antes. El benefactor era Benjamin Franklin. Su testamento estipulaba la creación de los fondos inmediatamente después de su fallecimiento, con instrucciones precisas sobre cómo gastar el dinero, incluyendo la orden de entregar los fondos a las ciudades después de dos siglos. La generosidad de Franklin terminó ayudando a estudiantes y aprendices de oficios doscientos años más tarde.

Este peculiar acontecimiento ejemplificó el impulso de actuar que caracterizó a Franklin toda su vida. Era considerado el estadounidense más logrado de su tiempo por su incansable deseo de hacer una diferencia. Fue inventor, científico, escritor, político, diplomático, filántropo y director de correos. Entre 1732 y 1758, publicó "El Almanaque del Pobre Richard", que reflejaba su naturaleza infatigable. Aunque Franklin nunca se describió como estoico, muchas de sus acciones y palabras encarnaban estos valores. La edición de 1737 contenía un dicho particularmente estoico: "Más vale lo bien hecho que lo bien dicho".

Los textos estoicos han cautivado a lectores durante milenios. Sin embargo, los filósofos estoicos no escribían para impresionar, sino para impulsar a la acción. La filosofía estoica debe llevarse a la práctica. Musonio Rufo exigía a sus alumnos que ejemplificaran lo aprendido: "Sólo mostrando acciones en armonía con las sanas palabras que ha recibido, alguien será ayudado por la filosofía".

El alumno más famoso de Musonio fue Epicteto, quien aprendió bien la lección. Una vez convertido en maestro, sus enseñanzas rebosaban de recordatorios de que memorizar citas estoicas carecía de valor sin encarnar acciones estoicas. Lo comparaba con un atleta que se enorgullece de sus pesas en lugar de su cuerpo: "¿Quién está progresando, la persona que ha leído muchos libros de Crisipo? ¿Acaso la virtud no es más que alfabetizarse en Crisipo? Es como si yo le dijera a un atleta: 'Enséñame tus hombros', y él respondiera: 'Mira mis pesas'. '¡Vete con tus pesas gigantescas! Lo que quiero ver no son las pesas, sino cómo te has beneficiado de usarlas'".

Epicteto criticaba duramente a quienes utilizaban la filosofía para impresionar. Acusaba a sus alumnos de ir por la ciudad repitiendo lo aprendido sólo para presumir. Les recordaba que usar la filosofía con este fin era perder el norte: "Lo que preferiría oír de vosotros es: 'Mira cómo no fracaso en mis deseos, ni tengo experiencias que no quiero. Te lo demostraré en el caso de la muerte, del dolor físico, de la cárcel, de la condena, de la mala reputación'. Esa es la verdadera prueba de un joven apto para terminar la escuela. Olvídate de esas otras cosas, no dejes que la gente te oiga recitar en público; e incluso si alguien te elogia, contrólate, confórmate con parecer un don nadie o un ignorante".

El miedo es uno de los principales impedimentos para la acción. Muchos se abstienen de hacer lo correcto por temor a represalias. Esta postura se describe a veces como mantenerse "libre" de circunstancias indeseables. Séneca nos recuerda que la inacción basada en el miedo no es libertad: "Por miedo a los insultos o por cansancio de ellos, nos quedaremos cortos en la realización de muchas cosas necesarias. Pero no soportar nada no es libertad; nos engañamos a nosotros mismos".

Actuar según el estoicismo requiere valor. A veces enfrentaremos duras críticas. Algunos tratarán de difamar nuestras intenciones. Pero toda acción honorable se enfrenta a este tipo de reacciones. El estoicismo enseña que no debe afectarnos la respuesta que recibimos. Séneca afirma que estos ataques no deben atravesar nuestro casco: "Cuanto más honorable es un hombre, más heroicamente debe soportarse, recordando que las filas más altas están en primera línea de batalla. Que soporte los insultos, las palabras vergonzosas, la deshonra civil como soportaría el grito de guerra del enemigo, y los dardos y las piedras que traquetean alrededor del casco pero no causan ninguna herida".

Debemos considerar las posibles críticas desde la perspectiva de la dicotomía del control. La crítica es algo externo, algo que no controlamos. Cuando actuamos, nuestro objetivo es intentar hacerlo lo mejor posible. Esa es la parte que controlamos. Nada más importa. Marco Aurelio lo expresó con claridad: "Recuerda que nuestros esfuerzos están sujetos a las circunstancias; no te propongas hacer lo imposible. '¿Qué querer hacer entonces?' Intentarlo. Y lo has conseguido. Lo que te proponías lo has conseguido".

El miedo no es excusa válida para la inacción. Recitar citas no es razón válida para aprender filosofía. Necesitamos encarnar lo que aprendemos, actuar según lo que la filosofía estoica nos enseña. Menos hablar. Más hacer. Marco Aurelio se lo exigía a sí mismo: "No pierdas más tiempo discutiendo sobre lo que un buen hombre debe ser. Sé uno".

El Regalo Irreemplazable Del Tiempo

Kairós: Momento oportuno. Hacer lo correcto en el instante preciso.

La mayoría de los meses del año llevan el nombre de divinidades romanas. Marzo debe su nombre a Marte, dios de la guerra. Mayo, a Maia, diosa del crecimiento. Junio proviene de Juno, diosa del matrimonio y el parto. Solo dos meses honran a personas reales. Julio rinde homenaje a Julio César. Agosto fue un tributo concedido a César Augusto, sobrino nieto e hijo adoptivo de Julio César.

Augusto fue el primer emperador del Imperio Romano, título que obtuvo tras vencer en la guerra civil desatada después del asesinato de Julio César. Durante su reinado, el imperio duplicó su extensión y su nueva estructura garantizó un periodo de paz que se prolongaría durante dos siglos. En reconocimiento a tales logros, el Senado romano promulgó un decreto en el año 8 a.C., estableciendo que el mes en el que Augusto había alcanzado sus mayores hazañas se denominaría agosto. También se dispuso que agosto tendría treinta y un días en lugar de treinta. El día extra se restaría a febrero, que desde entonces tendría solo veintiocho.

Augusto gobernaba con poder absoluto. Que el calendario se modificara en su honor evidencia la magnitud de su autoridad. Sin embargo, carecía de lo que más anhelaba: tiempo para sí mismo. Suspiraba por el día en que sus deberes como emperador no le impidieran hacer las cosas que realmente valoraba. Era consciente de que probablemente ese día nunca llegaría. Desarrolló el peculiar hábito de hablar incesantemente sobre ese ansiado día futuro, casi como si le sirviera de aliciente para esforzarse en el presente.

En su ensayo Sobre la brevedad de la vida, Séneca citó un fragmento de una carta que Augusto escribió al Senado: "Mi profundo deseo de ese tiempo, por el que he rezado durante mucho tiempo, me ha llevado a anticipar algo de su deleite mediante el placer de las palabras, ya que la alegría de esa realidad aún tarda en llegar".

Séneca describió el anhelo de Augusto por tener tiempo libre como una "ensoñación recurrente en la que encontraba escape a sus cargas". Aunque sentía cierta comprensión hacia Augusto, no percibía mucha sabiduría en su forma de pensar. El estoicismo enseña que el problema no radica en que no tengamos suficiente tiempo, sino en que no lo empleamos juiciosamente. Séneca afirmaba: "El problema no es que tengamos una vida corta, sino que malgastamos el tiempo. El tiempo que se nos da no es breve, sino que nosotros lo hacemos así. No nos falta tiempo; al contrario, hay tanto que lo malgastamos de forma obscena".

Pasamos la vida dedicando demasiado tiempo a asuntos innecesarios. Según Séneca, gran parte de nuestra existencia es solo tiempo; poco de él se vive realmente: "La cantidad de vida que realmente vivimos es pequeña. Pues nuestra existencia en la Tierra no es Vida, sino simplemente Tiempo". Algunos alcanzan la vejez sin haber vivido mucho: "Un hombre canoso y arrugado no necesariamente ha vivido mucho. Más exactamente, ha existido mucho tiempo".

Uno de nuestros principales errores es que no reservamos suficiente tiempo para nosotros mismos. Abarrotamos nuestras agendas con múltiples tareas y olvidamos programar tiempo personal. Séneca nos recuerda: "Cuenta y repasa los días de tu vida; verás que muy pocos has dedicado a ti mismo". A menudo nos quejamos cuando alguien no nos dedica suficiente tiempo, pero tampoco nos concedemos a nosotros mismos el tiempo personal que necesitamos. Séneca se pregunta: "¿Cómo puede alguien quejarse de que nadie le dedique tiempo cuando no se dedica tiempo a sí mismo?"

¿Por qué protegemos tan mal nuestro propio tiempo? Un factor clave es que lo resguardamos pobremente de los demás. Las palabras ajenas nos distraen, sus pensamientos nos absorben, sus acciones nos irritan. No permitimos que nos roben nuestras posesiones, pero dejamos que nos arrebaten nuestro tiempo, un bien mucho más valioso. Séneca señala: "La gente no permite que otros roben su propiedad, y se apresura a defenderse si hay la más mínima controversia sobre los límites de la tierra, pero permite que otros invadan su propia existencia".

También somos notoriamente malos para decir "no". Nos interrumpen con frecuencia. Asistimos a eventos a los que no deseamos concurrir. Todas estas intrusiones se acumulan, y nos queda poco para nosotros mismos. El estoicismo nos aconseja acostumbrarnos a decir "no" más a menudo. Cuanto más digamos "no" a los demás, más podremos decirnos "sí" a nosotros mismos. Séneca observa: "Para proteger su riqueza, los hombres son tacaños, pero cuando se trata del tiempo, en la única cosa en la que es prudente ser parsimonioso, en realidad son generosos hasta la exageración".

Somos culpables de procrastinar. Séneca nos recuerda que no debemos dar el tiempo por sentado. Nada nos garantiza que vayamos a vivir mucho más. Vivimos como si fuéramos inmortales, pero luego llegamos al final de nuestras vidas quejándonos de que no tuvimos tiempo suficiente: "Vives como si fueras a vivir para siempre, sin preocuparte de tu mortalidad, sin prestar atención al tiempo que ya ha pasado. Desperdicias el tiempo como si fuera un recurso ilimitado, cuando cualquier momento que dediques a otra persona o a algún asunto es potencialmente el último".

Procrastinaríamos menos si pudiéramos ver cuánto tiempo nos queda: "Si cada hombre pudiera ver el número de años que le quedan por delante, del mismo modo que puede ver los años que tiene detrás, ¡cuán perturbados estarían los que sólo vieran que les quedan unos pocos, cuán cuidadosos serían con ellos!"

La forma más efectiva de liberar tiempo es adquirir el hábito de priorizar adecuadamente. Marco Aurelio, como emperador de Roma, sabía que nunca faltaban asuntos por atender. Comenzó a hacer lo que Augusto debería haber hecho doscientos años antes: empezó a eliminar de su agenda las tareas innecesarias y a enfocarse exclusivamente en las más importantes. Aconsejaba: "La mayor parte de lo que decimos y hacemos no es esencial. Si puedes eliminarlo, tendrás más tiempo y más tranquilidad. Pregúntate en cada momento: '¿Esto es necesario?'"

Observó que la atención dedicada a algo debe ser proporcional a su importancia. Desperdiciamos demasiado tiempo centrándonos en cuestiones que apenas tienen relación real con nuestras vidas. Marco Aurelio escribió: "El valor de la atención varía en proporción a su objeto. Es mejor no dedicar a las cosas pequeñas más tiempo del que merecen".

Séneca consideraba que la curiosidad podía ser potencialmente dañina en este sentido. Muchas personas se afanan por conocer todo lo que se dice de ellas o se dedican a buscar chismes. Lanzan una red muy amplia en busca de información y luego se consumen por lo que encuentran. Es un ejercicio innecesario. Deberíamos centrarnos más en lo que realmente importa. Séneca advierte: "No es buena idea oír y ver todo lo que pasa. Dejamos pasar muchas lesiones: quien no registra la mayoría de ellas no las sufre. ¿No quieres ser propenso a la ira? No seas inquisitivo".

Marco Aurelio definió su objetivo en una breve máxima: "Hacer menos, mejor". El tiempo es un bien precioso. Tenemos más que suficiente siempre que lo utilicemos sabiamente. El tiempo que pasamos enojados con quienes nos desagradan podría emplearse mejor en compañía de quienes admiramos. El tiempo que perdemos procrastinando estaría mejor invertido practicando la filosofía. El estoicismo nos enseña que debemos proteger nuestro tiempo, tanto de los demás como de nuestro propio despilfarro.

Sobre Los Hombros De Gigantes

Mimêsis: Imitación de ejemplos virtuosos para moldear el carácter.

En Princeton, Albert Einstein vivió desde 1936 hasta su muerte en una sencilla casa de campo. En su pequeño estudio, junto al escritorio, colgaban retratos de tres hombres: Newton, Faraday y Maxwell. Eran sus modelos a seguir. En 1931, Einstein escribió sobre ellos: "El cambio más profundo en los fundamentos de la física desde Newton se originó a partir de las investigaciones de Faraday y Maxwell".

Newton también honraba a sus referentes. En carta a Robert Hooke escribió: "Si he logrado ver más lejos es porque me he subido a hombros de gigantes". Dos de esos gigantes eran Kepler y Galileo, quienes a su vez admiraban a Copérnico.

Este ciclo de pensadores que se superaron gracias a sus modelos se remonta a los albores de la humanidad. La capacidad de aprender de los mentores es uno de los rasgos definitorios del ser humano. Este traspaso intergeneracional de conocimientos constituye el pilar de la civilización.

La filosofía estoica enfatiza el valor de aprender de modelos de conducta. Séneca escribió: "Elige a alguien cuyo modo de vida y palabras hayan obtenido tu aprobación. Tenlo siempre presente como guardián o ejemplo. Considero necesario que tengamos a alguien como referencia con quien medir nuestros caracteres. Sin una regla para hacerlo, no se puede enderezar lo torcido".

Los modelos pueden ser figuras históricas, grandes mentes de nuestros campos, familiares o mentores. Copérnico se inspiró profundamente en su tío Lucas Watzenrode, quien fue figura paternal y apoyó sus estudios. Nuestros padres biológicos vienen determinados por naturaleza, pero podemos elegir los modelos que aspiramos a emular. Séneca afirmó: "Dicen que no puedes elegir a tus padres, que nos han sido dados por azar; pero podemos elegir ser hijos de quien queramos. Hay muchos padres respetables esparcidos a lo largo de los siglos. Elige a un genio y conviértete en su heredero intelectual".

Los modelos acrecientan nuestra sabiduría. Son exploradores que recorren un camino antes que nosotros y regresan para informarnos de lo aprendido. Podemos beneficiarnos sin exponernos a los desafíos de recopilar tales saberes. Séneca lo ilustra: "Tendrá maestros a quienes pedir consejo, compañeros siempre dispuestos, de los que podrá escuchar la verdad sin críticas, el elogio sin adulación, y a cuya semejanza podrá moldearse".

Con su ayuda, reunimos conocimientos que a una persona le tomaría siglos acumular. "Quienes hacen de Zenón, Pitágoras, Demócrito sus compañeros diarios se dedicarán más plenamente a una vida gratificante", escribió Séneca. "Ninguno acortará tu tiempo de vida, sino que cada uno agregará la sabiduría de sus años a los tuyos".

¿Cómo elegir un modelo? Debemos valorar más a quienes actuaron, no sólo hablaron. Séneca aconseja: "Elige como guía a alguien a quien admires más cuando lo veas que cuando lo escuches". El énfasis debe ponerse en la calidad de las acciones, no en si lograron los objetivos deseados. La historia está repleta de personas virtuosas que no alcanzaron su meta pero merecen emulación. El estoicismo enseña que los únicos objetivos valiosos dependen de lo que controlamos. Alguien puede fracasar en escalar una montaña pero lograr el objetivo de esforzarse al máximo. Para un estoico, eso importa. "Admira a los que intentan grandes cosas, aunque se caigan", dice Séneca.

El primer libro de las Meditaciones de Marco Aurelio lista personas importantes en su vida con las virtudes observadas en cada una. Sobre Claudio Máximo, su maestro estoico, no menciona conferencias sino acciones: "Hacer su trabajo sin quejarse. Generosidad, caridad, honestidad. La sensación que daba de permanecer en el camino en lugar de ser mantenido en él".

Los buenos modelos no tienen precio. Observar a los sabios amplía nuestra sabiduría más que mil horas de conferencias. Einstein actuó con sus modelos con sincera gratitud: "A menos que seamos ingratos, las vidas de aquellos que nos precedieron deberían considerarse sagradas. Su existencia colectiva allanó el camino para nuestra época".

Quizás la lección más transformadora del estoicismo sea jamás dejar de aprender e imitar a los sabios que admiramos. Al seguir sus pasos, nos elevamos sobre hombros de gigantes, viendo más allá de lo que alcanzaríamos solos. Honrar a nuestros referentes no sólo es gratitud, sino invitación a convertirnos en nuestra mejor versión, a caminar por la senda de la sabiduría con humildad y determinación.

Acerca del autor

Además de empresario, escritor y conferencista, Juan David Arbeláez es un Mentalista. Un adepto al poder de la mente, donde por medio de técnicas de sugestión, lenguaje corporal, programación neurolingüística, inteligencia emocional, magia escénica y hasta probabilidad, logra por medio de sus cinco sentidos crear la ilusión de un sexto.

Sus conferencias, talleres y charlas-espectáculo han sido presentadas para miles de espectadores y grandes compañías Colombianas como Bancolombia, EPM, UNE, Grupo Corona, Grupo Argos, Éxito, Grupo SURA, NUTRESA, y Grupo Familia, entre otras.

Juan David es además campeón latinoamericano de mentalismo y con frecuencia es invitado a demostrar sus habilidades y compartir sus experiencias en diferentes programas de televisión incluyendo shows de la talla de DON FRANCISCO PRESENTA en donde se ha presentado en múltiples oportunidades ante toda la teleaudiencia latinoamericana.

Es además el autor de los libros PIENSE PODEROSAMENTE, donde comparte ocho mentalidades enfocadas al desarrollo del verdadero poder personal; EL ARTE DE INSPIRAR AUDIENCIAS, en donde explica técnicas para hablar en público y realizar presentaciones asombrosas; IMPORTACULISMO PRÁCTICO, la última filosofía de vida para vivir bien de una buena vez; y del libro SÚPER LENGUAJE CORPORAL, así como de varios audio-libros sobre temas variados de empoderamiento personal, y múltiples e-Books sobre estas y otras temáticas.

Su página en Facebook, cuenta con miles de seguidores que periódicamente comparten y discuten con él sus artículos y videos.

Para más información sobre Juan David Arbeláez para conferencias y presentaciones, visite su sitio web en:

http://www.MagiaMental.com

Síguenos en

www.EstoicismoYa.com

Otros libros

Neville Goddard:
Haz Tus Deseos Realidad:
El Poder Infinito del YO SOY

William Walker Atkinson
MAGIA MENTAL EL SECRETO DEL ÉXITO: El Poder De La Sugestión Y La Ley De La Atracción

El Nuevo Juego de la Vida y Cómo Jugarlo: Obras Completas de Florence Scovel Shinn Actualizadas para el Siglo XXI

Neville Goddard
SENTIR ES EL SECRETO DEL YO SOY: Incluye la obra Sentir es El Secreto y diez de las mejores conferencias de Neville Goddard actualizadas

Alan Watts
La Era de la Ansiedad
Sabiduría para asumir la inseguridad como camino hacia la paz interior.

Neville Goddard:
La Biblia: El Manual Secreto del "Yo Soy"
Simbología De La Biblia Revelada Como Un Poderoso Manual De Psicología.

Colección Así Será
El Juego de la Vida en el Siglo 21
(El Poder del YO SOY actualizado)
www.Asi-Sera.com

www.ingramcontent.com/pod-product-compliance
Lightning Source LLC
Chambersburg PA
CBHW070456100426
42743CB00010B/1646